Matthias Zimmer
Alte Werte in neuer Zeit

W0361380

MATTHIAS ZIMMER

ALTE WERTE IN NEUER ZEIT

Christliche Verantwortung
und praktische Politik

nomen

1. Auflage 2021

Copyright © Nomen Verlag, Frankfurt am Main 2021
Alle Rechte vorbehalten

www.nomen-verlag.de

Umschlaggestaltung: BlazekGrafik, Frankfurt am Main
Satz: Uhl + Massopust, Aalen
Druck und Bindung: Friedrich Pustet, Regensburg
Printed in Germany

ISBN 978-3-939816-76-8

Inhalt

Einleitung 7

1. Die Zumutung des »C« 13

2. Eigentum und Gemeinwohl 24

3. Arbeit 34

4. Arbeitsschutz 44

5. Alterssicherung 58

6. Arm und reich 71

7. Hartz 4 81

8. Pflege 92

9. Wohnen und Eigentum 104

10. Endlich wachsen? 116

11. Umwelt und Schöpfung 146

12. Kapitalismus und Gemeinwohl 157

Ausblick 176

Nachwort 179

Literaturempfehlungen 181

Anmerkungen 183

Einleitung

»Was würde Jesus heute sagen?« lautet ein Buchtitel von Heiner Geißler aus dem Jahr 2003.[1] Der streitbare Politiker hatte die politische Botschaft des Evangeliums mit der politischen Realität kontrastiert. Das war wenig schmeichelhaft. Die biblische Botschaft ist eine der Nächstenliebe, der Solidarität, des Mitgefühls; in ihr steht der Mensch als Geschöpf Gottes im Mittelpunkt. Der Anspruch an die Politik ist daraus abgeleitet: Der Mensch ist Ausgangspunkt und Ziel allen politischen Tuns. Der Mensch steht im Mittelpunkt. Nicht die Rasse, die Klasse, der Markt oder der Staat. Politische Ordnungen legitimieren sich dadurch, dass in ihnen die Liebe und Gerechtigkeit Gottes widerhallt.

Zweifellos: Ein hoher Anspruch. Vermutlich einer, der erst in der Civitas Dei umfassend verwirklicht werden kann, also in der Bürgerschaft Gottes im jenseitigen Leben. Im irdischen Leben geht es häufig weniger um Nächstenliebe als um Interessen, um Macht, um Einfluss, um Geld. Nicht selten geht es, bis in die hohe Politik hinein, um Dummheit, Gier, Bösartigkeit, Hinterhältigkeit, persönlichen Vorteil. Dazu muss man nicht das Wirken von diktatorischen Potentaten als Anschauung nehmen, ein Blick auf den ehemaligen US-Präsidenten Trump reicht aus, um all diese Zutaten wiederzuerkennen. Und es wäre ja auch verwunderlich: Viele Menschen sind davon geprägt, und Politiker sind auch nur Menschen. Sie sind auch bisweilen raffgierig, publicitysüchtig und machtbesessen und verletzen dafür alle Regeln des Anstands, in den USA ebenso wie in Deutschland. Zum Glück sind die Fälle bei uns sehr viel seltener.

Und doch: In einer Partei, die sich dem Christlichen verpflichtet sieht, sollte es am Ende um das Gemeinwohl gehen. Vereinfacht ausgedrückt: Um das Wohlergehen aller, nicht nur das eigene. Und der dumme Spruch, wenn sich jeder um sich selbst sorgt, dann sei doch für alle gesorgt, trifft nicht zu. Das ist neolibertärer Quatsch. Gemeinwohl ist nicht die Summe individueller Glücksmomente, sondern die Möglichkeit für jeden, sich nach seinem Potential im Rahmen der Gesellschaft entfalten zu können. Das bedarf der Ordnung der Gesellschaft und nicht eines unverbundenen Nebeneinanders unterschiedlicher Interessen. Dazu muss man Chancengerechtigkeit schaffen, denn Chancen dürfen nicht dem Recht des Stärkeren folgen, sondern den Möglichkeiten und Potentialen jedes einzelnen Menschen.

Nun leben wir in einer Welt, die von Zwängen bestimmt ist. Einer dieser Zwänge ist die Knappheit.

Wir leben nicht im Paradies, wo es keine Knappheit gab. Unsere Mittel sind begrenzt. Deswegen müssen wir wirtschaften; das ist nämlich nichts anderes als der Umgang mit Knappheit. In einer Welt des Überflusses braucht es weder Geld noch Börsen noch Wirtschaft. Aber die Art, wie und nach welchen Regeln wir wirtschaften, zeigt auch, wie ernst wir die politische Botschaft des Christlichen nehmen. Wenig ernst, wie mir manchmal scheint.

Ich habe viele Jahre die Möglichkeit gehabt, das Gemeinwohl mitgestalten zu dürfen. Häufig ist mir dabei der Spruch in den Sinn gekommen, dass der Fortschritt eine Schnecke sei. Eine Demokratie ist dadurch geprägt, dass man nicht einen großen Wurf umsetzt und Gerechtigkeit für alle herstellt, sondern Stück für Stück versucht, in kleinen Schritten etwas zu bewegen. Das ist mitunter frustrierend. Es braucht schon einen nachhaltigen Einschnitt, um die Möglichkeit einer anderen Welt kurz aufscheinen zu lassen. Das war mit der Coronakrise der Fall. Plötzlich war eine Unmenge Geld vorhanden und wurde ausgegeben. Wo zuvor noch um jeden Betrag gekämpft wurde, überstiegen die Summen, die der Deutsche Bundestag zur Verfügung gestellt hat, nun jegliches Vorstellungsvermögen. Plötzlich war die Luft sauberer. Weil der Flugverkehr um mehr als 90 Prozent reduziert wurde, der Autoverkehr fast zum Erliegen kam und viele Unternehmen nicht mehr produzieren konnten, verbesserte sich die Luftqualität deutlich, aber leider nur vorübergehend. Krisen können Chancen bedeuten, auch Chancen der Erkenntnis. Dazu braucht es allerdings eine Idee, in welche Richtung sich unsere Gesellschaft entwickeln soll. Darum geht es in diesem Buch. Um eine positive Vision unseres Zusammenlebens aus dem programmatischen Punkt heraus, den meine Partei manchmal schamhaft zu verstecken scheint: Dem Christlichen.

Nun sagen einige: Die Bibel ist etwas für die Kirche, in der Politik gelten andere Regeln. Das mag stimmen. Die Bergpredigt ist kein Wahlprogramm. Und Nächstenliebe ist eine individuelle Tugend, aber keine Tugend sozialer Institutionen. Aber trotzdem: Wenn es nicht eine Idee gäbe, wie das Zusammenleben der Menschen denn wäre, wenn alles Gute sich verwirklicht, wäre unser Leben ärmer. Wir brauchen die Utopie einer besseren Welt, weil sie der Sehnsuchtsort unseres Strebens ist.[2] Wir brauchen sie, weil wir die Wirklichkeit an dem Möglichen, an dem Sehnsuchtsort vermessen. Wir wollen besser sein, als wir sind, denn wir sind auch idealistisch, fähig zur Nächstenliebe, wir sind Träumer einer besseren Welt. Darum geht es in dem vorliegenden Buch. Es ist nicht geprägt von den Kompromissen, die man in der Politik schon immer mitdenkt, sondern ein Plädoyer für das bislang Unerreichte. Freilich habe ich hier viele Themen auslassen müssen und mich auf die Bereiche konzentriert, in denen ich besonders tätig war und bin: Arbeit und Soziales, Nachhaltigkeit und Menschenrechte. Mir ist bewusst: Ich hätte noch vieles schreiben können, etwa im Bereich der Gesundheit, der Gleichberechtigung von Mann und Frau, der Außenpolitik, der Migrationspolitik, der Ernährung- und Landwirtschaftspolitik und vielen anderen Bereichen. Aber erstens fühle ich mich inhaltlich in diesen Bereichen nicht ausreichend sattelfest, und zweitens geht es in dieser Schrift auch eher darum, exemplarisch und auf begrenztem Raum politische Alternativen zu entwickeln. Über weite Strecken ist diese Schrift eine leidenschaftliche Kritik an dem Bestehenden, an den Zuständen, die ich seit vielen Jahren sehe, ohne bislang grundlegend daran etwas ändern zu können. Ich bin dabei nicht ausgewogen, sondern Partei. Ich nehme Partei für ein Menschenbild, das sich aus dem Bekenntnis zum Christlichen ergibt. Ich verteidige also alte Werte, die auch in die neue Zeit passen. Und ich tue das mit Dank an zwei meiner großen Vorbilder: Norbert Blüm und Heiner Geißler, die Philosophen und Praktiker des »C« in der Politik.

1. Die Zumutung des »C«

Am Anfang steht ein Befund. Die CDU und die Kirche haben sich voneinander entfernt. Die frühere Selbstverständlichkeit, dass ein Christ, ein katholischer zumal, quasi automatisch die CDU wählt, ist Geschichte. Offen war noch in den fünfziger Jahren von den Kanzeln zur Wahl der Union aufgerufen worden. Das würde uns heute seltsam anmuten. Kirche soll nicht für eine Partei werben. Sie soll die frohe Botschaft, das Evangelium verkünden. Richtig ist aber auch: Das hat politische Konsequenzen dort, wo die Menschen aufgefordert sind, ihr Zusammenleben im Licht des Evangeliums zu gestalten. Und deswegen ist Kirche heute immer noch politisch, aber nicht mehr parteipolitisch. Sie kann nicht verkünden, ohne der Welt den Spiegel vorzuhalten. Sie kann nicht die Gottesebenbildlichkeit des Menschen verkünden, ohne zu sagen: Das hat auch Konsequenzen für unser Zusammenleben. Sie kann nicht die Hoffnung auf eine bessere Welt nur ins Jenseits verlegen, sondern muss davon überzeugt sein, dass das Gute im Menschen auch im Diesseits kraftvoll wirken kann und soll.

Aus all diesen Überlegungen ist die Soziallehre entstanden.[3] Sie ist nicht die Übersetzung der Bergpredigt in ein politisches Programm, sondern gibt Leitplanken vor für das Verhältnis der Menschen untereinander. Sie gibt Orientierung für den politisch Handelnden. Präziser formuliert: Sie liefert einen Begründungsrahmen. Der ist nicht immer eindeutig. Ob ich beispielsweise die Grundsicherung erhöhen soll oder nicht, lässt sich nicht aus den Prinzipien der Soziallehre ableiten, wohl aber, dass wir eine Verpflichtung gegenüber den Armen haben. Wie genau das Arbeitsrecht aussehen soll, lässt sich nicht aus der Soziallehre ableiten, wohl aber, dass Menschen nicht Mittel zum Zweck anderer Menschen werden dürfen. Oder, um ein kontroverses Beispiel zu nennen: Selbst in der Kirche gibt es eine Debatte darüber, ob Ehe nicht auch auf gleichgeschlechtliche Partnerschaften angewendet werden kann. Denn wenn die Liebe von Gott gegeben ist, dann spielt das Geschlecht keine Rolle – und Ehe lediglich auf Reproduktion zu reduzieren hieße, den Menschen zum Mittel zu machen.

So ist die Soziallehre selbst ein System offener Sätze. Freilich, die großen Sozialenzykliken der Päpste sind Meilensteine. Aber der Charakter der Soziallehre ist dadurch geprägt, dass es nicht nur die Sozialenzykliken gibt, sondern auch die Veröffentlichungen der Lehrstühle, die sich mit der Soziallehre beschäftigen, und, noch wichtiger: Dem Engagement der Laien in der Kirche, die sich mit den sozialen Fragen befassen.

Es war einmal der Stolz der Union, zu diesen Laien und ihren Organisationen eine besondere Beziehung zu haben, sei es der Kolpingbund, der in Deutschland heute noch über 220.000 Mitglieder hat, die Katholische Arbeitnehmerbewegung mit über 100.000 Mitgliedern oder der Bund der katholischen Jugend mit über 650.000 Mitgliedern. Die Wirklichkeit sieht allerdings heute anders aus. In den Laienorganisationen werden Themen debattiert, für die die CDU scheinbar kein offenes Ohr hat. In den Sozialenzykliken werden Themen angesprochen, die bei der CDU unter Sozialismusverdacht geraten. Und an den Lehrstühlen befindet man sich weit entfernt vom christlich-demokratischen Milieu. Eher noch, so hat man mitunter den Eindruck, sind viele Themen heute eher bei den Grünen oder gar bei den Linken anschlussfähig. Für eine Partei, die das C im Namen trägt, müssten spätestens bei diesem Befund alle Alarmglocken klingeln.

Ich sehe vor allem drei Bereiche, in denen sich die Differenzen heute entzünden und die ich im weiteren Verlauf des Buches konkretisieren will. Der erste Bereich ist eine kapitalismuskritische Sicht der Soziallehre. Der Kapitalismus wird nicht grundsätzlich abgelehnt, hat aber eine Existenzberechtigung nur dort, wo er den Menschen hilft, sich als Personen zu entfalten. Anders formuliert: Der Kapitalismus ist rechenschaftspflichtig und hat eine Existenzberechtigung nur dort, wo er dem Gemeinwohl dient.

Die zweite grundsätzliche Differenz ist die Option für die Armen. Das bedeutet: Wir haben eine Verpflichtung dafür, dass die Armut aus der Welt verschwindet. Das kann sehr vieles bedeuten: Unterstützung für ein selbstbestimmtes Leben, aber auch der Abbau ungerechter Strukturen, die Armut produzieren. Das gilt auch für Handelsstrukturen, von denen wir profitieren. Sie können eben dazu führen, dass sich in anderen Ländern Armut verfestigt, anstatt weniger zu werden. Option für die Armen kann aber auch heißen: Dort, wo wir an ungerechten Strukturen mit Schuld tragen, haben wir auch eine besondere Verpflichtung, Opfer dieser Strukturen bei uns aufzunehmen, wenn sie durch diese Strukturen heimatlos geworden sind. Ein hoch brisantes Thema, das uns noch lange begleiten wird!

Die dritte grundsätzliche Differenz hat mit der Ehrfurcht vor der Schöpfung zu tun. Das bedeutet einen anderen Umgang mit der uns anvertrauten Welt, angefangen von ausbeuterischen Wirtschaftspraktiken, die Mensch und Umwelt schädigen, bis hin zu Erwägungen des Tierwohls. Die Enzyklika *Laudate sì* von Papst Franziskus aus dem Jahr 2015 hat hier deutlich Position bezogen und darauf hingewiesen, dass unsere jetzige Art und Weise zu Wirtschaften mit den Erfordernissen der Nachhaltigkeit nicht vereinbar ist. Die dahinter liegende Idee ist sehr alt: Die Bewahrung der Schöpfung ist ein biblischer Auftrag. Sie hat Politiker, die sich dem »C« verbunden fühlen, schon lange vor dem Aufkommen der grünen Bewegung verpflichtet.

Diese Differenzen haben auch etwas damit zu tun, dass unsere Welt in Nationalstaaten aufgeteilt, die christliche Botschaft aber universal ist. Es überrascht daher nicht, dass die Soziallehre auch in letzter Konsequenz eine wahre Weltautorität befürwortet, subsidiär strukturiert. Man mag darin Reste des universalen Anspruchs des Papsttums sehen, der durch das Aufkommen der Nationalstaaten ja in Frage gestellt worden ist. Aber dennoch ist richtig: Nationalstaaten sind eine Übergangslösung, eine Behelfslösung. Globale Probleme brauchen globale Lösungen und globale Institutionen. Wer wollte das ernsthaft bestreiten?

Aber was zeichnet das »C« eigentlich aus? Natürlich nicht der Kirchgang oder die Tiefe des Glaubens. Sondern das »C« steht für eine politische Gestaltungsidee, die aus dem Glauben erwächst.[4] Während aber Glaubenssätze den Anspruch auf Wahrheit haben, ist dies bei der politischen Gestaltungsidee nicht so. Sie ist in die Praxis gestellt und kann sich unterschiedlich manifestieren. Überdies ist der Mensch fehlbar. Deswegen ist die erste Aussage: Die Soziallehre ist ein System offener Sätze. Dies ist deshalb wichtig, weil es gegen jede totalitäre Versuchung immunisiert. Die Soziallehre will gerade nicht einen Gottesstaat, in dem anhand biblischer Gebote regiert wird. Sondern die Grundidee ist die des freien, verantwortlich handelnden Menschen – eines Menschen also, der auch irren kann. Deshalb hat mein erster Chef, der CDU-Politiker Bernhard Vogel, immer wieder gesagt: Es gibt keine christliche Politik, nur christliche Politiker. Recht hat er! Das Christliche ist keine Ideologie, sondern eine Orientierung an dem Guten. Der Mensch steht im Mittelpunkt, die Entfaltung seiner Person.

Damit sind wir auch schon bei dem wichtigsten Prinzip der Soziallehre. Der Mensch wird als Person gedacht, nicht als Individuum. Um es zu überspitzt darzustellen: Das Individuum ist der Mensch, der keine sozialen Bezüge hat und Herr seines eigenen Lebens, seines Schicksals ist; der Mensch als Individuum ist der Schöpfer seiner selbst und seiner Werte. Die Person ist demgegenüber der Mensch, der immer schon in seinen sozialen Bezügen gedacht ist. Zunächst den Bezügen zu seiner Familie, also seinen Eltern und Geschwistern. Zweitens dann in den weiteren sozialen Kreisen, in denen er verwurzelt ist: In der Gemeinde (ob kirchlich oder lokal), den Vereinen, den Freundschaften, schließlich auch seinem Heimatland. Drittens aber auch in dem Bezug zu Gott: Er ist nach Gottes Ebenbild geschaffen und legt durch sein Handeln Rechenschaft ab. Die Gottesebenbildlichkeit ist der Grund für die Würde des Menschen; und die Würde ist der Grund für die Menschenrechte. Das Tun des Menschen ist in die Demut vor Gott gestellt. Das ist der zentrale Unterschied im Menschenbild von Soziallehre und Liberalismus: Im Liberalismus ist der Mensch sein eigener Herr, ein »gottloser Selbstgott«, wie es Heinrich Heine einmal ausgedrückt hat. In der Soziallehre besteht die Freiheit des Menschen in seiner Bindung, seinem Eingebundensein in eine göttliche und menschliche Ordnung.

Die Soziallehre spricht von der Personalität als einem Prinzip. Das bedeutet: Es ist ein grundlegender Konstruktionsmechanismus des Sozialen. Aus der Personalität folgen vier weitere Konstruktionselemente des Sozialen. Das erste ist die Solidarität. Sie ist das horizontale Gestaltungsmerkmal einer Gesellschaft. Sie ist Ausfluss der Sozialität des Menschen, also der wesensmäßigen Bindung des Menschen an andere Menschen. Solidarität bedeutet hier nichts mehr als: Der Mensch ist für den Menschen da. Er hilft ihm in der Not. Solidarität ist also neben dem Gestaltungsmerkmal einer Gesellschaft auch eine Tugend. Sie macht deutlich: Es ist mir nicht egal, wie es meinem Nächsten geht. Da wir alle gleich sind an Würde, ist meine Entfaltungsmöglichkeit auch davon abhängig, dass sich mein Nächster entfalten kann. Solidarität trägt also den Anspruch in sich: Alle Menschen sollen ihr Potential entfalten können, und dafür sind alle Menschen auch ihren Mitmenschen gegenüber verantwortlich.

Das zweite Konstruktionselement ist die Subsidiarität. Das ist ein schwieriger Begriff. Er bedeutet zunächst einmal, dass sich der Staat nur unter sehr bestimmten Voraussetzungen Kompetenzen aneignen darf, im Übrigen aber zu Hilfeleistungen verpflichtet ist. Deswegen wird Subsidiarität auch als das vertikale Gestaltungselement einer Gesellschaft angesehen. Sie regelt also die Beziehungen von »oben« und »unten« in einer Herrschaftsstruktur. Subsidiarität beantwortet die Frage, wie Herrschaft gestaltet sein soll, wie folgt: So, dass die Probleme möglichst nahe bei den Menschen gelöst werden können. »Empowerment« heißt das heute und meint: Der Staat hat die Menschen dabei zu unterstützen, ihre Probleme lösen zu können. Er darf sich nicht ihre Kompetenzen anmaßen, sondern muss Hilfestellung geben. Das hat unmittelbare Konsequenzen etwa bei den Problemen der Familien oder der Pflege. Kompetenzen hat der Staat nur dort, wo Einzelne Probleme nicht mehr lösen können. Banale Beispiele: Einzelne können keine Infrastruktur wie Straßen bereitstellen oder Verteidigung organisieren. Dazu bedarf es des Staates. In allen anderen Bereichen aber hat er ein Kompetenzanmaßungsverbot. Er darf also nicht in Bereiche eingreifen, die besser von den Einzelnen wahrgenommen werden können. Klassisches Beispiel ist die Kindererziehung. Schon im Grundgesetz heißt es deshalb, dass die Pflege und Erziehung der Kinder das natürliche Recht der Eltern ist. Das ist nicht immer ganz trennscharf, denkt man beispielsweise an die Schulpflicht. Aber es ist vom Grundsatz her ein Element, dass die Freiheit des Einzelnen im Blick hat und staatliche Gewalt auf das Notwendigste beschränkt. Nicht umsonst haben alle totalitären Regime sich in fundamentalem Gegensatz zum Prinzip der Subsidiarität befunden.

Das dritte Konstruktionselement ist die Nachhaltigkeit. Sie bedeutet eine Solidarität in der Zeit. Wir sind nicht nur unseren unmittelbaren Zeitgenossen verpflichtet, sondern auch unseren Nachkommen. Biblisch betrachtet haben wir von Gott die Welt zur Hege und Pflege übernommen. Wir sind nicht die Eigentümer dieser Welt, sondern lediglich die Verwalter. Wir tragen Verantwortung dafür, dass diese Welt fortbesteht, und nicht nur irgendwie, sondern mindestens so, dass unsere Nachkommen mit den ihnen zur Verfügung stehenden Ressourcen dieser Welt eine gleiche Entfaltungsmöglichkeit haben. Sicherlich, wir haben durch die technische Entwicklung vieles möglich gemacht, was den Generationen vor uns nicht möglich war. Das wirft Fragen auf, was die Ersetzung natürlicher durch künstliche Ressourcen betrifft. Das soll uns hier aber zunächst nicht weiter beschäftigen. Uns geht es um die Möglichkeit zukünftiger Menschen, sich in ihrem Menschsein entfalten zu können. Dazu braucht es eine natürliche Umgebung; und dazu wird man die technischen Möglichkeiten nicht mehr wegdefinieren können.

Denn letztlich sind alle Konstruktionsprinzipen unter die Idee des Gemeinwohls gestellt. Das ist das vierte Prinzip. Gemeinwohl bedeutet »die Gesamtheit jener Bedingungen des gesellschaftlichen Lebens, die sowohl den Gruppen als auch deren einzelnen Gliedern ein volleres und leichteres Erreichen der eigenen Vollendung ermöglichen.«[5] Gemeinwohl ist also mehr als die Summe des Wohlergehens aller Einzelnen. Das war schon immer der Denkfehler des Liberalismus. Gemeinwohl bedeutet, dass ich auch als Einzelner für den Anderen und das Erreichen seiner Vollendung Mitverantwortung trage. Ich muss also das Glück aller als eine gemeinsame Aufgabe ansehen, weil es kein Glück, keine Vollendung auf dem Rücken fremden Unglücks gibt. Das kann vieles bedeuten, etwa was den fairen und gerechten Zugang zu natürlichen und gesellschaftlichen Ressourcen angeht, was die Verteilung angeht, was ein Leben in Würde angeht. Und das ist eine der großen und bleibenden Herausforderungen auch an eine Partei, die das C im Namen trägt. Wird sie diesem Anspruch gerecht? Und wenn nicht: Wie kann sie diesem Anspruch gerecht werden? Ich will und kann diese Fragen nicht umfassend beantworten, sondern werde mich beschränken auf die Felder, in denen ich selbst einige Kenntnisse habe und die ich eingangs skizziert habe: Auf die Welt von Arbeit und Wirtschaft, auf die Frage von Menschenrechten, auf die Frage des Umgangs mit der Schöpfung und der Zukunft des Kapitalismus. Und denjenigen, die dann sagen: Du hattest doch viele Jahre Zeit, all das umzusetzen, denen antworte ich: In einer Demokratie braucht man Mehrheiten. Mehrheiten sind von zwei Dingen abhängig: Der Erkenntnis des Gebotenen und den Interessen. Zur Erkenntnis des Gebotenen will ich einen Beitrag leisten, auch zuspitzend. Gegen diejenigen Interessen aber, die sich allzu häufig gegen die Erkenntnis des Gebotenen stellen, vermögen gute Argumente nichts auszurichten. Deswegen ist parlamentarische Arbeit immer unvollkommen, immer Stückwerk und endet nie in einem großen Wurf. Und trotzdem würde ich sie immer verteidigen, denn wir haben nichts Besseres.

2. Eigentum und Gemeinwohl

Unsere Wirtschaftsordnung beruht auf Eigentum. Jeder kann Eigentum erwerben, keiner ist davon grundsätzlich ausgeschlossen. Dafür, dass es Eigentum gibt, werden sehr gute Gründe angeführt; ebenso für die Frage, dass Eigentum auch Grenzen haben muss. Beides ist wichtig für unsere weitere Argumentation. Deswegen schauen wir uns zunächst einmal den wichtigsten Grund dafür an, warum es Eigentum geben muss. Das wird ein wenig philosophisch, aber durchaus wichtig für unsere gegenwärtigen Debatten.

Eigentum ist in der klassischen Theorie des Liberalismus eng mit dem Begriff der Freiheit verbunden, und das ist richtig.[6] Eigentum haben zu können bedeutet Freiheit; Eigentum verwehrt zu bekommen, ist der Inbegriff der Unfreiheit. Ganz grundlegend und deutlich ist dies, wenn man mit dem Eigentum am eigenen Körper beginnt. Eigentum am eigenen Körper bedeutet, dass man nicht verkauft werden kann; dass kein anderer als ich selbst Verfügungsgewalt über meinen Körper hat. Es bedeutet: Ich bin selbst der Herr über mein Leben, mit allen Konsequenzen: Kein Sklave, keine Ware, keine Sache, der man nach Belieben Leben und Freiheit nehmen kann. Deswegen sind die Wurzeln der Menschenrechte als Abwehrrechte gegen den Staat und als Anspruch des Eigentums am eigenen Körper auch eng miteinander verwandt. Ohne Eigentum also keine Menschenrechte, damit keine Bürgerrechte und keine Demokratie. Die Idee, dass der Mensch Würde hat, hängt eng zusammen mit der Idee, dass der Mensch sein Eigentum ist, sich also selbst gewissermaßen besitzt. Damit ist er autonom, zumindest im Grundansatz, und autonom bedeutet: Er setzt sich seine eigenen Gesetze des Handelns. Die letzte Instanz, die die Rechtmäßigkeit seines Handelns beurteilt und auf moralische Erwägungen bezieht (also nach Gut und Böse fragt), ist das Gewissen.

Wenn wir einen Moment innehalten und dieses Argument etwas genauer betrachten, dann fällt auf: Es hat weitreichende Konsequenzen für unser Zusammenleben. Die großen Denker des Liberalismus haben sogar gesagt: Der Staat entsteht nur, um diese Rechte zu schützen. Diese Rechte – Leben, Freiheit, Eigentum – sind vorstaatliche Rechte, die dem Menschen von Natur aus zukommen, also Naturrechte. Im Grundgesetz sind die Naturrechte zu einem vorstaatlichen Rechtsgrund verdichtet worden: Der Würde des Menschen. Der Mensch hat Würde bedeutet: Er ist kein Objekt, sondern Zweck in sich; er hat ein eigenes moralisches Universum in sich und kann, anders als ein Tier, sich in seinem Handeln auf diese moralischen Gründe beziehen und sich von bloßen Erwägungen von Lust und Unlust als Motivation des Handelns befreien. Der Mensch ist also mehr als ein Tier, das nach Instinkten handelt. Er kann auch nach moralischen Gründen handeln.

Aus der Würde des Menschen entspringen die Grundrechte: Freiheit, Gleichheit, Recht auf Leben und Eigentum und vieles mehr. Diese Rechte sind, wie schon gesagt, vorstaatlich. Der Staat wird lediglich gegründet, damit diese Rechte geschützt werden. So heißt es in aller Deutlichkeit in der amerikanischen Unabhängigkeitserklärung, dass man für selbstverständlich halte, dass alle Menschen gleich geschaffen seien, dass sie der Schöpfer mit gewissen unveräußerlichen Rechten ausgestattet habe, zu denen das Recht auf Leben, auf Freiheit und das Streben nach Glück gehörten und das Regierungen nur zu dem Zweck eingesetzt würden, diese Rechte zu schützen, und zwar im Konsens mit den Regierten. Der sich selbst gehörende Mensch begründet also Herrschaft damit, dass ein ganz bestimmtes Bild des Menschen geschützt wird. Die Regierung hat die Aufgabe, die Rechte der Menschen zu schützen und dort Abgrenzungen vorzunehmen, wo die Ausübung der Rechte des einen die Rechte des anderen verletzt. Denn eines ist auch klar: Rechte gelten nicht absolut, sondern enden dort, wo Rechte anderer betroffen sind.

Die Grundrechte gelten nicht nur im Verhältnis des Menschen zum Staat; das ist eine Selbstverständlichkeit, wenn man annimmt, dass der Staat gegründet worden ist, um die Grundrechte der Menschen zu schützen. Sie gelten vor allem im Verhältnis der Menschen untereinander. Das Problem im vorstaatlichen Zustand war ja nicht der Staat, sondern dass die Menschen untereinander in Streit und Zwist lagen, weil es keine Autorität gab, die Streit und Zwist endgültig auflösen und entscheiden konnte. So sah es zumindest Thomas Hobbes, der englische Philosoph. Wie eigentlich, so fragte er sich, leben Menschen ohne jede Herrschaft zusammen? Seine Antwort war düster. Ohne Regierung, ohne Herrschaft ist der Mensch des Menschen Wolf. Das Leben ist dann, so schreibt er in einer berühmten Passage, einsam, armselig, ekelhaft, tierisch und kurz. Das hatte viele Gründe, auch den ziemlich einleuchtenden, dass dort, wo es keine Regierung gibt, das Recht des Stärkeren herrscht. Dort, wo das Recht des Stärkeren herrscht, ist kein anderes Recht auf Dauer: Es gibt keine Garantie für Leben, Eigentum, Sicherheit, keine Garantie dafür, auch nur im Ansatz seines eigenen Glückes Schmied sein zu dürfen oder zu können. Dieses Recht gibt es nur für den Stärkeren, aber auch nur so lange, wie er nicht durch andere von dem Thron der Tyrannei verdrängt wird. Auch der Stärkere lebt in permanenter Furcht; unser Mitleid mag sich hier in Grenzen halten, dennoch: Ohne Regierung leben alle Menschen in permanenter Unsicherheit und Furcht.

Uns genügt es hier festzustellen: Dem Staat obliegt es, alle Beziehungen der Menschen untereinander dem Prinzip unterzuordnen, dass alle Menschen die gleiche Würde haben. Das hat Auswirkungen auf unser Verständnis der Unterschiedlichkeit des Menschen: Bei aller Unterschiedlichkeit von Herkunft, Geschlecht, Hautpigmentierung, sexueller Orientierung oder religiöser Überzeugung: All das spielt keine Rolle in der Frage der Würde des Menschen. Hier sind alle Menschen gleich an Würde. Dieses Prinzip hat natürlich auch unmittelbare Auswirkungen auf das Arbeitsleben. Arbeit, die den Menschen entwürdigt, muss verboten werden. Arbeit, die seine Rechte als Mensch verletzt, die seiner Gesundheit schaden, sein Leben gefährden, muss verboten werden. Arbeit, die dem Menschen keine Anerkennung als Mensch verschafft oder ungerecht entlohnt wird, muss reguliert werden. Der Staat hat die Aufgabe, Menschenrechte und Menschenwürde auch bei der Arbeit zu garantieren. Die Vertragsfreiheit der Menschen findet ihre Grenzen in der Menschenwürde und den Menschenrechten. Dazu aber mehr in den Kapiteln, die sich mit der Arbeit auseinandersetzen.

Kommen wir zurück zu dem Begriff des Eigentums. Es war John Locke, der große englische Philosoph, der den Zusammenhang von Eigentum und Freiheit dann erweitert hat. Wenn ich als Eigentümer meines Körpers die dingliche Welt mit meiner Arbeit mische (also etwas bearbeite), entsteht ein Eigentumsanspruch. Kurz und gut: Arbeit begründet Eigentum. In einem zweiten Schritt weitet Locke die Argumentation dann aus: Durch Geld wird Eigentum gewissermaßen »haltbar« gemacht; darüber hinaus begründet Geld einen Wertmaßstab, der unterschiedliche Produkte aus der Arbeit in eine Relation bringt (teurer/billiger). Damit kann ich dann mein Eigentum verkaufen oder anderer Menschen Eigentum kaufen. Geld erleichtert die Transaktion. Das führt zu ganz eigenen Problemen, etwa dort, wo sich Geld als Mittel der Transaktion verselbständigt. Aber so elegant das Argument bei Locke war, Eigentum aus Tätigkeit des Menschen abzuleiten, der sich selbst gehört (also Eigentum an sich selbst hat), so bedeutet dies nicht, dass dieses Eigentum keine Grenzen hat, also Eigentum zu einem Recht wird, das andere Rechte aushebelt. Eigentum darf nicht dazu führen, dass anderen Menschen nichts mehr übrigbleibt und sie deswegen Schaden nehmen. Im Grundgesetz der Bundesrepublik Deutschland findet sich hier eine kluge Formulierung: Danach verpflichtet Eigentum, und sein Gebrauch soll zugleich dem Wohl der Allgemeinheit dienen. Es gibt also Eigentumsschranken. Diese ergeben sich allerdings nicht notwendig aus dem Argument von Locke, sondern aus einem sehr viel älteren Argument, das sich schon bei dem Kirchenvater Thomas von Aquin findet. Demnach hat Gott, nachdem er die Erde geschaffen hat, diese allen Menschen gleichermaßen zur Verfügung gestellt. Da er den Menschen als soziales Wesen geschaffen hat, steht damit auch Eigentum unter dem Vorbehalt, die Sozialität des Menschen zu befördern. Oder, anders formuliert: Dem Menschen dabei zu helfen, sich in der Gemeinschaft selbst zu verwirklichen. Eigentum ist also ein Mittel zum Zweck, kein Zweck in sich. Deswegen kannte die Kirche immer auch das Notrecht. »Not kennt kein Gebot«, so lautet ein altes Sprichwort. In der Not ist alles gemeinsam; und deswegen verwendet Thomas von Aquin auch einigen Scharfsinn darauf nachzuweisen, dass jemand, der aus Not stiehlt, keinen Diebstahl begeht. Man würde sich wünschen, dass deutsche Gerichte sich dieses Grundsatzes entsinnen würden. Wer aber die Entwendung weggeworfener Lebensmittel (das so genannte »Containern«) als rechtswidrig ansieht, hat sich von der christlichen Auffassung des Eigentums weit entfernt.

Auch bei John Locke gibt es eine Einschränkung des Eigentums; das Eigentumsrecht gilt nicht absolut. Es muss, nachdem sich ein Mensch Eigentum geschaffen hat, immer noch genügend und ebenso Gutes für die anderen verbleiben. Der Erwerb des

Eigentums der einen darf also nicht zu Lasten der Lebenschancen der anderen gehen. Das ist entweder eine Forderung der Gerechtigkeit und der Fairness oder aus der Idee geboren, dass der Mensch die Erde von Gott als Obereigentümer zum Gebrauch zugeteilt bekommen hat mit der Maßgabe, dass er dort arbeitet und handelt in sozialer Verantwortung – also unter der Maßgabe der Nächstenliebe. Damit ist Eigentum nicht ausgeschlossen, aber begrenzt auf bestimmte Zwecke.

Im Grundgesetz der Bundesrepublik Deutschland heißt es, der Gebrauch des Eigentums soll gleichzeitig dem Wohle der Allgemeinheit dienen – also dem Gemeinwohl. Hier taucht der christliche Gedanke wieder auf, wonach Eigentum nie Selbstzweck ist. Diese soziale Bindung des Eigentums bedeutet auch: Der Staat darf regulieren im Sinne des Gemeinwohls. Er darf beispielsweise, um ein aktuelles Beispiel heraus zu greifen, zur Verwirklichung der Gleichberechtigung Quoten in Vorständen von Unternehmen vorschreiben. Das ist dann ein legitimer Eingriff in die Eigentumsrechte, wenn damit das Gemeinwohl befördert wird.

Fassen wir zusammen, weil es für die weitere Argumentation wichtig ist. Der Mensch hat Eigentum an sich selbst. Das bedeutet, er kann von anderen nicht zum Eigentum gemacht werden. Das schließt alle Formen der Arbeit aus, die auf Unfreiheit beruhen. Da der Mensch sein eigener Herr ist, hat er eine Zweckbestimmung in sich selbst: Die Entwicklung seiner Personalität. Das schließt alle Arbeit aus, die dieser Zweckbestimmung entgegensteht. Da der Mensch Eigentum erwerben kann, sind Leben und Freiheit zusätzlich gesichert. Das schließt – innerhalb der Grenzen legitimer Eigentumsbildung – aus, den Menschen an der Bildung eigenen Eigentums zu hindern; mehr noch, es ist ein Gebot der politischen Klugheit, Eigentumsbildung zu fördern, damit der Einzelne ein selbstbestimmtes Leben führen kann. Dies stärkt gleichzeitig die Formen freier und demokratischer Teilhabe in einem Gemeinwesen. Dieser Aspekt ist in zwei Bereichen besonders wichtig: Zum einen der Frage nach der Eigentumsbildung in der Arbeit, vor allem der Frage der Mitarbeiterbeteiligung. Zum anderen ist dieser Aspekt eminent wichtig bei der Möglichkeit, Wohneigentum zu erwerben. Der Einzelne hat hier systematisch Vorrang vor juristischen Personen bei der Frage, wie mit dem knappen Gut des Bodens umzugehen ist (dazu das Kapitel über Wohneigentum). Schließlich und letztlich: Die Erde ist uns gemeinschaftlich anvertraut. Deswegen ist der Begriff des Gemeinwohls auch universal zu sehen. Wenn die Bedingungen meines eigenen Wohlstands aus den Bedingungen der Armut und Unterentwicklung anderswo resultieren, ist dieser Wohlstand ungerecht. Wenn mein Wohlstand dazu führt, dass anderswo Armut und Unterentwicklung entsteht oder

Ausbeutungsverhältnisse, dann habe ich die Verpflichtung, für Abhilfe zu sorgen. Dass eine solche Selbstverständlichkeit im Zusammenhang mit dem Lieferkettengesetz auch noch ernsthaft bestritten wird, kann nur durch eine völlige Vergessenheit des Christlichen erklärt werden. Aber die Forderungen des Gemeinwohls gehen weit über die Sorgfaltsverpflichtungen aus dem Lieferkettengesetz hinaus; wir werden dies im Kapitel über Umwelt und Schöpfung näher betrachten. Dass dies auch Auswirkungen auf die Frage hat, wie wir mit Flüchtlingen umgehen müssen, ergibt sich beinahe von selbst.[7] Flüchtlinge sind Menschen, die nicht aus Langeweile aus ihren Ländern fliehen, sondern aus Not. Es ist eine Not, die häufig auch von den westlichen Industriestaaten mit verursacht worden ist, sei es durch ausbeuterische Wirtschaftsstrukturen oder durch Umweltzerstörung. Kein Wunder, dass viele Flüchtlinge sich dorthin wenden, wo sie die Ursache ihres Unglücks vermuten. Auch das ist ein Grund dafür, warum gerade die Kirchen den Abschottungsextremisten entschieden entgegengetreten sind. Und das ist auch gut so. Wohlstand auf Kosten anderer lässt sich auf Dauer nicht durch Grenzen sichern.

3. Arbeit

Mein Freund Ralf ist sauer. Er arbeitet bei einer Firma im ländlichen Raum. Wir kennen uns seit unserer Jugendzeit. Er hat dort vor vier Jahren angefangen und sich zunächst über die Arbeitsbedingungen gewundert. Unbezahlte Überstunden, wenig Arbeitsschutz, Leiharbeiter, die dort zu schlechten Konditionen eingesetzt werden. Auf Beschwerden reagiert die Unternehmensleitung kurz angebunden. Wenn es Dir nicht passt, dann kannst Du ja gehen, heißt es. Gewerkschaftliche Bindung gleich Null; die Gewerkschaft hat noch nie einen Fuß in den Betrieb setzen können. Einen Betriebsrat gibt es nicht. Ralf beschließt: Ich spreche mal mit ein paar Kollegen, die das auch kritisch sehen. Schnell ist die Idee geboren: Wir können doch einen Betriebsrat gründen? Ja, warum eigentlich nicht? Das Verfahren dazu kann man im Internet leicht abfragen. Das Betriebsverfassungsgesetz ist die rechtliche Grundlage. Und eigentlich ist es einem Unternehmen verboten, die Gründung eines Betriebsrates zu verhindern, wenn die rechtlichen Voraussetzungen dafür vorliegen. Eigentlich.

Die Unternehmensleitung hat davon Wind bekommen, dass die Gründung eines Betriebsrates bevorsteht. Die Initiatoren werden einzeln zum Gespräch gebeten und unter Druck gesetzt. Es wird auch Geld geboten. Sie ziehen ihre Unterstützung zurück. Bis auf Ralf. Der wird wenige Wochen später unter einem Vorwand entlassen. Er findet zwar wieder einen neuen Job, aber Ärger und Verunsicherung sitzen tief. Alle Praktiken, die er in der Firma erfahren hat, sind verboten und teilweise strafbar. Aber: Wo kein Kläger, da kein Richter. Und in der strukturschwachen Region, aus der er kommt, ist man froh um jeden Arbeitsplatz.

Ein zweites Beispiel. Andrei Amariei hat von 2015 bis 2019 bei der Firma Tönnies gearbeitet.[8] Zu Beginn habe er sieben Wochen ohne einen freien Tag gearbeitet; aber auch andere Arbeiter, so berichtet er der Süddeutschen Zeitung, hätten drei Wochen ohne einen freien Tag gearbeitet. Häufig sei der Lohn manipuliert worden, natürlich zugunsten des Arbeitgebers. Die Zeiterfassung wurde manipuliert, die Reinigung des Arbeitsplatzes durch die Mitarbeiter nicht als Arbeitszeit anerkannt. Als Amariei die Firmenunterkunft verließ, sei ihm trotzdem das Geld für die Unterkunft von seinem Lohn abgezogen worden. Wer glaubt, solche verbrecherischen Praktiken gebe es nur in der Fleischindustrie, der irrt. Auch mein Freund Ralf kann ähnliches berichten, sicherlich nicht so krass, aber mit ähnlicher

Grundstruktur: Verstöße gegen den Arbeitsschutz, die Arbeitszeitregelungen, die ausgemachte Entlohnung. Man fühlt sich an die übelsten Zeiten des Kapitalismus im 19. Jahrhundert erinnert. Tönnies hat übrigens, bei mehr als 7000 Mitarbeitern, keinen Betriebsrat.

Sind das Einzelfälle? Das hängt ein wenig davon ab, wen man fragt. Tatsache ist allerdings: Solche Missstände finden häufig im Dunkeln statt, sie werden nicht öffentlich. Die Gewerkschaften können nur über Fälle berichten, die ihnen gemeldet werden. Die Finanzkontrolle Schwarzarbeit, die beispielsweise prüft, ob der Mindestlohn bezahlt wird und ob die Sozialversicherungsbeiträge abgeführt werden, kann nur über die Fälle berichten, die sie selbst untersucht hat. Mit anderen Worten: Es gibt diese Fälle, und die Dunkelziffer der nicht entdeckten Fälle ist vermutlich hoch.

Einen Hinweis darauf gibt eine bundesweite Kontrollaktion der Finanzkontrolle Schwarzarbeit im Februar 2019 in der Branche der Kurier-, Express- und Paketdienstleister. Etwas über 12.000 Fahrer aus dem In- und Ausland wurden nach ihren Arbeitsverhältnissen befragt, in etwas über 350 Fällen auch unmittelbar Geschäftsunterlagen der Unternehmen überprüft. Ergebnis waren 25 unmittelbare Strafverfahren wegen Vorenthaltung von Sozialversicherungsbeiträgen, knapp 50 Bußgeldverfahren wegen Verstößen gegen sozialversicherungspflichtige Meldepflichten oder ausländerrechtliche Bestimmungen und über 2100 Fälle, in denen es Anhaltspunkte für Verstöße gab, die weitere Prüfungen bei den Unternehmen notwendig machten, um den Sachverhalt zu klären. Mit anderen Worten: Bei der Stichprobe war ein Sechstel der Fälle als tendenziell kritisch anzusehen.[9]

Ähnliches gilt für den Mindestlohn. Bei einer ersten bundesweiten Überprüfung im Jahr 2018 stellte der Zoll in jedem zehnten Betrieb Unregelmäßigkeiten fest.[10] Im Jahr 2019 prüfte der Zoll insgesamt mehr als 55.000 Arbeitgeber und leitete aus den Überprüfungen rund 115.000 Strafverfahren und 31.300 Ordnungswidrigkeitsverfahren ein. Aus den abgeschlossenen Strafverfahren ergab sich eine Gesamtfreiheitsstrafe von 1891 Jahren und Geldstrafen in Höhe von 36,6 Millionen Euro.[11] Man sieht: Verstöße gegen arbeitsrechtliche, sozialversicherungsrechtliche und andere Vorschriften sind im Arbeitsleben kein Einzelfall, sondern traurige Realität für viele Arbeitnehmerinnen und Arbeitnehmer.

Vorschriften zum Arbeitsschutz und zur Einhaltung von Arbeitszeiten haben zwei Funktionen: Sie schützen die Schwachen und schaffen gleichzeitig eine gleiche Ausgangsposition im Wettbewerb der Unternehmen. Niemand darf im Wettbewerb beispielsweise dadurch Vorteile haben, dass er am Arbeitsschutz spart oder den Lohn drückt. Es gibt Mindeststandards, an die sich alle halten müssen.

Erst dadurch entsteht ein fairer Wettbewerb. Mit anderen Worten: Der Wettbewerb ist geregelt und erstreckt sich nicht auf alle Aspekte der Unternehmenstätigkeit. Er findet seine Grenzen in der Würde des Menschen, in ihrem Schutz und ihrer fairen Behandlung, auch und gerade in der Entlohnung. Wäre dem nicht so, dann wäre Wettbewerb nichts anderes als das Überleben der Stärksten auf Kosten der Schwachen. Dann wären wir nicht weit weg von Sklavenarbeit oder Zuständen wie in England im 19. Jahrhundert. Das ist aber mit einer demokratischen Gesellschaft, die sich den Schutz der Würde des Menschen auf die Fahnen geschrieben hat, unvereinbar.

Gleiches gilt für die Vorschriften zum Mindestlohn. Da eine Lohnuntergrenze in vielen Bereichen tariflich nicht mehr festgelegt werden konnte, musste ein gesetzlicher Mindestlohn eingeführt werden. Der Mindestlohn war Ausdruck der Schwäche der Sozialpartner, nicht ihrer Stärke. Aber ein Mindestlohn muss natürlich auch kontrolliert werden: Wenn mehr als die vertraglich vereinbarte Arbeitszeit geleistet wird, verdient ein Arbeitnehmer weniger als den Mindestlohn. Missbrauchsmöglichkeiten gibt es genügend, auch, weil das Mindestlohngesetz sehr laxe Bedingungen für den Nachweis der geleisteten Arbeitsstunden enthält. Eine handschriftliche Dokumentation der Arbeitsstunden kann leicht manipuliert werden, und wenn der Arbeitgeber undokumentierte Arbeitsstunden anordnet, greift jegliche Kontrolle ins Leere. Sicherlich, man kann sich beschweren und den Fall der Gewerkschaft oder der Finanzkontrolle Schwarzarbeit zur Kenntnis bringen. Die wenigsten aber tun dies, sei es, dass sie ihre Rechte nicht kennen, nicht um den richtigen Ansprechpartner wissen oder schlicht Angst um ihren Job haben.

Erschwerend kommt hinzu, dass die unterschiedlichen Schutzbestimmungen für die Arbeitnehmer von unterschiedlichen Stellen kontrolliert werden. Die Gewerbeaufsicht etwa ist Angelegenheit der Länder. Sie prüft die Einhaltung von Arbeitsschutzbestimmungen sowie Umwelt- und Verbraucherschutz. Die Überprüfung der Einhaltung des Mindestlohnes ist Angelegenheit der Finanzkontrolle Schwarzarbeit, die dem Zoll untersteht; dieser ist eine Bundesangelegenheit. Diese Behörde überprüft nicht nur den Mindestlohn, sondern geht auch illegaler Beschäftigung nach. Daneben gibt es noch die Prüfdienste der Sozialversicherungen, Berufsgenossenschaften und Arbeitsschutzbehörden – eine verwirrende Vielzahl an Zuständigkeiten.

Das liegt zum einen daran, dass die Anzahl der Gesetzestexte zum Schutz von Arbeitnehmern unübersichtlich ist. Seit Jahren wird ein einheitliches Arbeitsgesetzbuch gefordert. Warum sollte das nicht möglich sein, nachdem man auch die Sozialgesetzgebung einheitlich geordnet hat, in mittlerweile

14 Büchern?[12] Es würde vor allem den Arbeitnehmerinnen und Arbeitnehmern helfen. Sie müssten dann nicht ihre Rechte aus den unterschiedlichsten Gesetzen zusammensuchen, sondern könnten ein einheitliches Arbeitsgesetzbuch zur Hand nehmen. Man spricht von bis zu dreißig unterschiedlichen Rechtsquellen, die das Arbeitsrecht regeln. Das ist unübersichtlich und verschleiert Rechte von Arbeitnehmern. Insofern ist richtig: Die CDU muss sich zu einem einheitlichen Arbeitsgesetzbuch bekennen und diese Forderung auch im nächsten Koalitionsvertrag verankern. Das schafft Klarheit.

Neben der verstreuten Rechtsmaterie gibt es einen zweiten systematischen Fehler im deutschen Arbeitsrecht: die Rechtsdurchsetzung. Nehmen wir ein einfaches Beispiel. In einem Unternehmen wird festgestellt: Das Unternehmen hat für Arbeitnehmer nicht den Mindestlohn gezahlt. Dafür kann dem Unternehmen ein Bußgeld auferlegt werden. Das bedeutet aber nicht, dass damit automatisch die Arbeitnehmer die ihnen zustehenden Zahlungen rückwirkend erhalten. Nein, diese müssen in einem zivilrechtlichen Prozess eingeklagt werden. Gleiches gilt für zu wenig gezahlte Sozialabgaben. Das deutsche Recht geht davon aus, dass dies Gegenstand privater Rechtsverfolgung ist. Mit anderen Worten: Die Sozialversicherungen können nicht für den Geschädigten klagen; das muss er selbst übernehmen. Schlimmer noch: Nach vier Jahren verjähren die Ansprüche, der zu Unrecht einbehaltene Sozialversicherungsbetrag wird also gewissermaßen »ersessen«. Wenn Vorsatz im Spiel ist, verjähren die Ansprüche allerdings erst nach dreißig Jahren.

Nun ist eines klar: Kaum ein Arbeitnehmer wird, bei Fortbestehen des Arbeitsverhältnisses, gegen seinen Arbeitgeber klagen. Die Fiktion, beide Parteien, Arbeitsgeber wie Arbeitnehmer, seien also gleich vor dem Recht, ist genau das: Eine Fiktion. Deswegen besteht hier Handlungsbedarf sowohl im präventiven wie im rechtsdurchsetzenden Bereich.

Verstöße gegen Arbeitsrecht, Mindestlohn oder Sozialversicherungspflicht sind dort häufiger, wo es weder eine tarifvertragliche Bindung des Arbeitgebers gibt noch eine Form betrieblicher Mitbestimmung etwa durch einen Betriebsrat. Hier kann der Gesetzgeber einiges tun, um die Tarifbindung zu steigern und Formen der Mitbestimmung zu stärken. Das widerspricht nicht der negativen Koalitionsfreiheit, bringt aber eine Wertentscheidung des Gesetzgebers zum Ausdruck. Ganz in diesem Sinn hat der Koalitionsvertrag von 2018 festgehalten, dass für tarifgebundene Unternehmen »Experimentierräume« geöffnet werden für die Flexibilisierung von Arbeitszeit. Und in der Legislaturperiode davor wurde vereinbart, dass tarifgebundene Unternehmen andere Möglichkeiten erhalten bei der Dauer der Beschäftigung von Zeitarbeitern. Diesen Tarifvorbehalt gilt es auszubauen. Tarifbindung muss ein Kriterium sein für den Zuschlag zu öffentlichen Aufträgen ebenso wir für jegliche Exportförderung durch die öffentliche Hand. Dadurch wird eine Wertung des Gesetzgebers deutlich: Dass tarifgebundene Unternehmen denjenigen vorzuziehen sind, die keinen Tarifvertrag anwenden.

Zweitens müssen Gewerkschaften und Sozialversicherungsträger über ein Verbandsklagerecht die Möglichkeit erhalten, für den einzelnen Arbeitnehmer tätig werden zu können; nur so lässt sich die strukturelle Ungleichheit im Arbeitsverhältnis durchbrechen. Das Arbeitsrecht geht immer noch ein wenig von der Fiktion aus, Arbeitgeber und Arbeitnehmer seien auf gleicher Augenhöhe. Das ist natürlich nicht so, denn der Arbeitgeber sitzt am längeren Hebel. Deswegen braucht der Arbeitnehmer einen Ausgleich, etwa über ein Verbandsklagerecht. Gemeinsam ist man stärker.

Drittens sollte der Bund die Einrichtung von Arbeitskammern nach dem Vorbild des Saarlands in den Bundesländern ermutigen. Arbeitskammern sind neutrale Beratungsstellen, die vor allem Arbeitnehmerinnen und Arbeitnehmer in allen arbeitsrechtlichen Fragen beraten können. Dies ergänzt die gewerkschaftliche Beratungstätigkeit vor allem dort, wo Gewerkschaften wenig oder gar nicht vertreten sind. Darüber hinaus hat eine Kammer einen stärker offiziellen Anstrich als eine Gewerkschaft und wird eher als Beratungsgremium wahrgenommen, das mit der Beratung nicht eigene Interessen (etwa der Werbung neuer Mitglieder) verbindet.

Schließlich sollte sich der Bund darüber Gedanken machen, wie die Vielzahl der Aufsichtsbehörden einheitlicher im Sinne des Schutzes der Arbeitnehmerinnen und Arbeitnehmer zusammengefasst werden können. Der Vorschlag, eine eigene Arbeitsinspektion zu errichten[13], ist sicherlich erwägenswert, wird aber aufgrund der unterschiedlichen Zuständigkeiten im föderalen System eher schwierig umzusetzen sein.

In der Arbeit entfaltet sich der Mensch; Arbeit ist sinnstiftend. Das gilt nicht nur für Lohnarbeit, aber hier ist der Mensch durch die ungleichen Machstrukturen verwundbar, verletzlich. Hier geht es um seine Menschenwürde und seine persönliche Lebensgestaltung, aber auch um Fragen des Gemeinwohls. Profit ist legitim, nicht aber auf Kosten der Gerechtigkeit. Deswegen müssen Praktiken, wie sie meinem Freund Ralf oder Andrei Amariei widerfahren sind, unterbunden werden, auch mit den Mitteln des Strafrechts. Und die rechtliche Ahndung darf nicht davon abhängen, dass sich ein Arbeitnehmer einmal traut, sich zu wehren.

4. Arbeitsschutz

Lange Zeit hing in meinem Büro eine Kopie einer Zeichnung von Käthe Kollwitz. Sie trägt den Titel »Eine Mahnung zur Vorsicht bei der Arbeit«. Es ist einer Pietà nachempfunden, jenen anrührenden Darstellungen der Mutter Gottes mit ihrem toten Sohn im Arm. Bei Kollwitz kniet eine ältere Frau mit schmerzverzerrtem Gesicht neben dem Leichnam eines Mannes, der bis zum Hals abgedeckt ist. Ist es ihr Sohn? Ihr Ehemann? Sie hält ihre Hände vor den Mund, ganz so, als ob sie einen Schmerzensschrei unterdrückt. Man ahnt, was passiert ist: Es ist eine Pietà des Industrialismus. Die industrielle Revolution hatte nicht nur staunenswertes Wachstum produziert. Die Maschinen hatten auch viele Menschenleben gefordert. Waren die Maschinen lediglich die Fortsetzung des menschlichen Körpers mit anderen Mitteln? Oder lag in dieser Entwicklung etwas ganz anderes, die Ersetzung der menschlichen Arbeit durch Maschinen? Arbeitskräfte galten als ersetzbar. Fiel einer wegen eines Unfalls aus, rückte ein anderer an seine Stelle. Arbeitsunfälle konnten aber Familien in Armut stürzen. Das Erschrecken, die Trauer der Frau auf der Zeichnung von Kollwitz, spiegelten auch das: Nicht nur den Todesfall, sondern auch die düsteren Aussichten, mit denen sie sich nun konfrontiert sah. Im 19. Jahrhundert ging man diese Problematik von drei Seiten an. Zum ersten wurden Gesetze erlassen, die die Vertragsfreiheit einschränkten und Arbeit regulierten. So wurden die Arbeitszeiten begrenzt, Kinderarbeit verboten. Dies wurde von Inspektoren überprüft. Zweitens wurden technische Vorrichtungen gegen Arbeitsunfälle zunehmend zur Regel, wenn auch zunächst sehr rudimentär. Und drittens wurde durch Versicherungen gegen Unfall oder Invalidität ein soziales Auffangnetz eingerichtet.

Sprechen wir heute über Arbeitsschutz, dann stehen zwei Aspekte im Vordergrund. Zum einen der Schutz in der Arbeit, zum anderen der Schutz der Arbeit. Der Schutz der Arbeit umfasst alle Aspekte der Dauerhaftigkeit eines Arbeitsverhältnisses. Das beinhaltet etwa die Regeln zum Kündigungsschutz, die restriktiven Regeln der Befristung von Arbeitsverhältnissen, die Rechte auf Beurlaubung oder auf Teilzeit. Der Grundgedanke hier ist: Arbeit ist ein Wert in sich und nicht einfach eine Ware, die auf einem Markt angeboten und nachgefragt wird. Sie ist menschliche Selbstverwirklichung und hat deshalb eine personale Dimension. Deswegen ist der Arbeitsmarkt auch kein Markt wie jeder andere, auf dem etwa Fleisch oder Pfeffer, Industrieanlagen oder Autos gehandelt werden. Menschen sind kein Fleisch oder keine sonstigen Produkte. Deswegen ist der »Arbeitsmarkt« ein abgeleiteter, ein geschützter Markt, in dem sich zunächst einmal das personale Wesen des Menschen verwirklicht. Wer also im Zusammenhang mit der menschlichen Arbeit von »Humankapital« redet, zeigt, dass er diese grundlegende Differenz nicht verstanden hat. Die Rede vom »Humankapital« deutet auf ein totalisierendes Denken, das den Menschen dem Kapital gleichsetzt und ihn ebenso vollständig der Verwertungsrationalität von Marktkräften überlassen will. Es ist ein totalitäres Denken ähnlich dem, das den Menschen einer Klasse oder eine Rasse unterwirft. Mit der grundgesetzlich geschützten Würde des Menschen, die sich auch in der Arbeit konkretisiert, hat dies nichts zu tun. Die Rede vom »Humankapital« ist ein Fall für den Verfassungsschutz.

Der Schutz auf der Arbeit ist der Arbeitsschutz im engeren Sinn. Hier geht es im weitesten Sinn darum, dass Arbeit dem Menschen nicht schadet. Das hat eine Vielzahl von Dimensionen: Technische Vorrichtungen, damit sich Menschen bei der Arbeit nicht verletzen, Vorschriften im Umgang mit gefährlichen Substanzen, Normierungen des Arbeitsplatzes nach ergonomischen Kriterien, aber auch die Anzahl der Urlaubstage, die tägliche und wöchentliche Höchstarbeitszeit, die verbindliche Festsetzung von Ruhezeiten und vieles anderes. Hier geht es also um die

Innenausstattung der Arbeit. Manche Regelungen sind Mindestregelungen, die durch tarifliche oder betriebliche Vereinbarungen noch aufgestockt werden können, so zum Beispiel die gesetzliche Regelung der Urlaubstage. Andere Regelungen stellen verbindliche Standards bereit, die in der Regel nicht Gegenstand von Tarifverträgen oder betrieblichen Vereinbarungen sind, so z. B. Bestimmungen über Fluchtwege und Notausgänge oder die Bereitstellung von brandschutztechnischen Ausrüstungen. Es geht also insgesamt bei dem Schutz auf der Arbeit um solche Regelungen, die direkt oder indirekt helfen, Schaden von den Mitarbeitern abzuwenden, der durch den Arbeitsprozess oder die Anwesenheit an der Arbeitsstätte entsteht, bzw. Schaden minimieren zu helfen. Solche Regelungen sind für den Arbeitgeber zusätzliche betriebliche Kosten. Deswegen ist die Frage legitim: Warum sollten sich Arbeitgeber darauf einlassen und was bewegt den Gesetzgeber, regulierend tätig zu werden?

Für lange Zeit, und auch noch in der Frühphase des Kapitalismus, war die Wirtschaft kein eigenständiges System, sondern Bestandteil eines übergeordneten Wertekanons, der auch für ökonomische Prozesse verbindlich galt. Adam Smith etwa, dessen Buch über den »Wohlstand der Nationen« eine Art Gründungsmanifest industrialisierter Produktion unter den Bedingungen des Kapitalismus darstellte, betrachtete die Wirtschaft noch als einen Teil der Moralphilosophie und beschäftigte sich folglich auch mit der Frage, was denn ein gerechter Lohn sei. Eine solche Frage gilt heute als seltsam antiquiert; Wirtschaft, argumentieren einige, folgt ihren eigenen Gesetzmäßigkeiten, und jeder staatliche Eingriff in die Wirtschaft führt unweigerlich zum Sozialismus. Das ist gefährlicher Unfug, denn in einer Gesellschaftsordnung, die sich zur Würde des Menschen bekennt und zu unveräußerlichen Menschenrechten, gelten diese natürlich auch im Wirtschaftsprozess. Die grundlegende Idee der verfassungsrechtlich geschützten Würde des Menschen ist es, dass der Mensch nie zum Mittel für die Zwecke anderer benutzt werden darf. Er ist Zweck in sich selbst. Das war Konsens auch bei den Lehren der christlichen Kirchen, der katholischen Soziallehre und der evangelischen Sozialethik. Beide hatten einen immensen Einfluss auf die Formulierung der Grundprinzipien der Sozialen Marktwirtschaft.[14] Eine zweite Quelle der Sozialen Marktwirtschaft bildet der Ordoliberalismus. Die Hauptdenker des Ordoliberalismus waren durch zwei wichtige Erkenntnisse verbunden. Die erste Erkenntnis: Ein funktionierender Markt mit einem fairen Wettbewerbssystem setzt innovative und produktive Kräfte frei und führt damit zu Wachstum und Wohlstand. Die zweite Erkenntnis: Bedingungen eines funktionierenden Marktes und eines fairen Wettbewerbssystems kann der Markt nicht aus sich selbst hervorbringen, sondern dies bedarf staatlicher Regulierung. Mit anderen Worten: Der Markt kann die Bedingungen seiner eigenen erfolgreichen und nachhaltigen Existenz nur durch staatliche Regulierung gewährleisten. Fehlt diese, ist der Markt wie ein Basar von Räuberbanden: Der Stärkste gewinnt, alles ist erlaubt. Um aber den Markt erfolgreich regulieren zu können, darf sich der Staat nicht mit der Wirtschaft gemein machen oder in ihrem Interesse handeln, sondern muss wie ein Schiedsrichter die Spielregeln, die er gesetzt hat, überwachen. Der Staat darf die Spielregeln setzen, überwachen und sanktionieren, die Spielzüge aber waren Angelegenheit der Wirtschaftsakteure: Wer wo was investiert, welche Produkte auf den Markt gebracht werden, wie viele Arbeitskräfte eingestellt oder entlassen werden und vieles mehr. Die Ordoliberalen waren zutiefst davon überzeugt, dass eine freie Gesellschaft und eine freie Wirtschaft sich gegenseitig bedingen, dass aber Freiheit Regeln braucht. Das war eine Lehre aus der Weimarer Republik, in der diese Regeln kaum existierten und zu Marktverzerrungen führten. Eine zweite Lehre war, dass wirtschaftliche Akteure nicht zu groß werden dürften, weil sie damit den Wettbewerb gefährdeten; auch das war eine Lehre aus der Weimarer Republik. Deswegen gehörte zu den Bedingungen eines fairen Wettbewerbs auch die Verhinderung von Kartellen und Monopolen, weil diese in der Lage sind, staatliche Regulierungen zu umgehen.

Zu den ordnungspolitischen Grundideen gehört auch, dass sich kein Unternehmen einen Vorteil im Wettbewerb dadurch verschaffen darf, dass es sich nicht an die Regeln hält. Deswegen werden die Regeln zum Arbeitsschutz überwacht, von sehr unterschiedlichen Institutionen. Das mag nicht immer zureichend sein, zumal die Kontrolldichte nicht hoch ist und die Kompetenzen der einzelnen Kontrollbehörden sehr zersplittert sind. Es gibt allerdings viele vernünftige Vorschläge, dieses Defizit zu adressieren: Von der Einführung von Arbeitsinspektionen, der Einrichtung von Arbeitskammern bis zu einem Verbandsklagerecht, damit nicht der einzelne geschädigte Arbeitnehmer seine Ansprüche gegenüber dem Schädiger (in der Regel: dem Arbeitgeber) selbst und auf eigenes Risiko zivilrechtlich durchsetzen muss.

Die zweite, damit verbundene Grundidee ist, dass der Arbeitsschutz nicht abgeschlossen ist, sondern mit neuen gesellschaftlichen und technologischen Entwicklungen neuer Regelungsbedarf besteht. Vor der flächendeckenden Einführung von Computern gab es keine Notwendigkeit, Bildschirmarbeitsplätze zum Gegenstand von Arbeitsschutzmaßnahmen zu machen. Die Entwicklung der Medizin erlaubt es, Gefährdungen eindeutiger zu benennen, sei es durch Produktionsbestandteile oder durch das Arbeitsumfeld. Auch ändern sich Gefahreneinschätzungen. Regelungen zum Nichtraucherschutz haben sich mittlerweile auf breiter Front durchgesetzt – vor dreißig Jahren völlig undenkbar. Man braucht sich nur ältere Krimifolgen etwa aus den neunziger Jahren anzuschauen und wundert sich, mit welcher Selbstverständlichkeit damals noch überall, und auch in Büroräumen, geraucht wurde!

Regelungen zum Arbeitsschutz schaffen ein einheitlich bespielbares Wettbewerbsfeld (*level playing field*). Der Wettbewerb wird nicht ausgetragen über die Fähigkeit eines Arbeitgebers, Lohn drücken und exzessiv Überstunden anordnen zu können, oder keine Maßnahmen zur Gefahrenprävention und Gefahrenabwehr im betrieblichen Alltag vorzunehmen (und damit Kosten zu sparen), sondern der Wettbewerb wird über die Qualität der Arbeit und der Produkte ausgetragen. Das ermöglicht einen Wettbewerb unter gleichen Bedingungen, erleichtert den Zugang von neuen Marktteilnehmern und ist für den Konsumenten eine Art Gütesiegel, dass die Produkte unter Bedingungen hergestellt worden sind, die den Grundgedanken der menschlichen Würde auch im Arbeitsprozess spiegeln.

Die Ausgangsfrage, warum sich ein Arbeitgeber darauf einlässt, kann also ordnungspolitisch beantwortet werden: Weil nur so sein Unternehmen in einem Umfeld fairer Wettbewerbsbedingungen agiert, auf die er sich einstellen kann. Er muss also keine Schmutzkonkurrenz fürchten, er kann auf der Grundlage gleicher Pflichten seiner Wettbewerber disponieren und sich dem Marktgeschehen stellen. Tatsächlich ist strittig, ob diese Regulierungen tatsächlich Mehrkosten für den Unternehmer bedeuten, wenn der Vergleichsmaßstab die Kosten sind, die durch eine Abwesenheit jeglicher Regulierung entstehen würden. Deshalb sind Regelungen zum Arbeitsschutz zum Vorteil auch der Unternehmer.

Ordnungspolitisch ist es sinnvoll, dies in einer globalisierten Welt auch global durchzusetzen. Es ist bei verschmelzenden Märkten nicht zu begründen, dass ein Teil der Produkte unter regulierten und geordneten Bedingungen hergestellt worden ist, ein anderer Teil nicht. Diese »Schande der Produkte« lässt sich nicht durch Konsumentenverhalten reduzieren, sondern nur durch Regulierungen entlang der Lieferketten.[15] Dort, wo der Markt global wird (und damit auch der Wettbewerb), müssen es Regelungen zum Arbeitsschutz auch werden, um zumindest Minimalstandards der Arbeitsbedingungen wirksam garantieren zu können. Das ist nicht nur ordnungspolitisch geboten, sondern auch menschenrechtlich: Die Menschenrechte gelten auch dort, wo sie nicht geschützt werden. Wann immer darüber gesprochen wird, die Soziale Marktwirtschaft zu internationalisieren, ist dies einer der zentralen Pfeiler einer globalen Ordnung der Wirtschaft.

Die anhaltende Debatte um ein Lieferkettengesetz ist deshalb auch unverständlich. Es darf keine Gewinne ohne Gewissen geben. Und selbstverständlich müssen Menschen, die durch ein deutsches Unternehmen am Ende der Lieferkette geschädigt worden sind, Zugang zu Schadensersatz haben. Ein bloßes Ordnungsgeld reicht nicht aus. Es muss immer auch darum gehen, Schaden durch Menschenrechtsverletzungen wieder gut zu machen – natürlich nur solchen Schaden, den man als deutsches Unternehmen hätte bei Beachtung der Sorgfaltspflichten verhindern können. Menschenrechte sind universal. Sie gelten nicht nur in Deutschland. Deshalb dürfen auch deutsche Unternehmen nicht mit Menschenrechtsverletzungen Profit machen. Das ist eine Selbstverständlichkeit. Und es ist auch ordnungspolitisch eine Notwendigkeit: Die unanständigen Marktteilnehmer dürfen nicht zu Lasten der Anständigen ihre Geschäfte machen dürfen. Für alle müssen gleiche Bedingungen gelten.

Freilich werden in den nächsten Jahren durch die paradigmatischen Umbrüche im Arbeitsleben neue Herausforderungen auch auf den Arbeitsschutz zukommen. Die Arbeitswelt der Zukunft wird sich von unserer heutigen grundlegend unterscheiden. Aber schon heute stehen wir vor einer Reihe von Herausforderungen im Arbeitsschutz:

– Die Coronakrise hat die Bereitschaft von Arbeitgebern gestärkt, in bestimmten Arbeitsbereichen mobiles Arbeiten zuzulassen, zumeist aus dem Homeoffice heraus. Noch ist allerdings völlig unklar, ob und inwieweit ein solches Arbeiten außerhalb der betrieblichen Strukturen denselben Normierungen des Arbeitsschutzes unterliegt und wer dafür die Kosten tragen muss. Konkret: Gelten Vorschriften über Bildschirmarbeitsplätze und ergonomisches Arbeiten auch im Homeoffice? Wie sieht es bei der Unfallverhütung aus? Müssen die betrieblichen Vorschriften dann auch auf den Heimarbeitsplatz übertragen werden? Die Debatten darüber sind noch in einer frühen Phase.

- Darüber hinaus scheint noch ungeklärt, ob und inwieweit ein mobiles Arbeiten zu einer Erosion des Betriebs als eines sozialen Zusammenhangs beiträgt und damit indirekt die Grundlagen der Sozialpartnerschaft beschädigt. Die Stärke der Sozialpartnerschaft hängt nicht zuletzt von der Möglichkeit betrieblicher Organisation der Arbeitnehmerinnen und Arbeitnehmer ab. Diese wird aber erheblich erschwert, wenn der Betrieb durch zunehmende Möglichkeiten des mobilen Arbeitens örtlich ausfranst. Die Vorteile einer höheren Flexibilität für Arbeitnehmerinnen und Arbeitnehmer müssen gegen die Nachteile der Erodierung betrieblicher Mitbestimmung abgewogen werden.
- Schließlich führt mobiles Arbeiten zu einer Auflösung der Grenze von Arbeit und Freizeit: Ich kann immer und überall arbeiten, bin immer und überall erreichbar. Dadurch wird ein Teil der Arbeit aus Sicht des Arbeitsschutzes unsichtbar.[16]

Wie kann ich ein Recht zur Nichterreichbarkeit regeln?

- Ein wichtiges Kennzeichen der globalisierten Welt ist die Zunahme der Beschleunigung. Das hat Auswirkungen auf die Arbeitsorganisation und die Arbeitsdichte. Dies wiederum führt dazu, dass Phänomene wie Überlastung und Burnout in den letzten zwei Jahrzehnten deutlich zugenommen haben. Mittlerweile sind psychische Erkrankungen die häufigste Ursache für Frühverrentungen. Ob man dies mit einer Anti-Stress-Verordnung in den Griff bekommen kann, wird debattiert[17]; eine Regelung über Tarifverträge hätte nicht die gleiche Reichweite.
- Das Rentensystem ist so aufgebaut, dass ab 2019 die Arbeit bis 67 die Regel wird; ob es weitergehende Erhöhungen des Renteneintrittsalters geben wird, wird vor allem in der Fachwelt debattiert. Aus Sicht des Arbeitsschutzes erscheint es notwendig, die Arbeitsbedingungen einer alternden Belegschaft anzupassen, und dies nicht nur im Rahmen betrieblicher Vereinbarungen oder von Tarifverträgen mit einem demographischen Element. Wichtiger als Quoten erscheint es, die Betriebe (ab einer Mindestanzahl an Mitarbeitern) zu verpflichten, altersgerechte Arbeitsplätze vorzuhalten.
- Unklar ist, wie sich die Erfordernisse einer Postwachstumsgesellschaft auf die Fragen von Ar-

beitsgestaltung und Arbeitsschutz auswirken[18] – wenn ein solches Modell überhaupt Chancen hat, sich durchzusetzen. Freilich sind die Zwänge der Wachstumsgesellschaft bislang ungebrochen und produzieren eigene immanente Gefährdungen. Die Coronakrise hat gezeigt, wie schnell es notwendig werden kann, auf solche Gefährdungen robust zu reagieren.

– Schließlich können neue technologische Entwicklungen, gerade an der Schnittstelle von Mensch und künstlicher Intelligenz, eine völlig neue Dimension auch ordnungspolitischer Fragen des Arbeitsschutzes generieren, beginnend von Implantaten zum Monitoring von Körperfunktionen im Arbeitsprozess über im menschlichen Körper eingebaute Schnittstellen zu Maschinen bis hin zur Singularität, der Verschmelzung von menschlicher und künstlicher Intelligenz. Die damit verbundenen Debatten über einen »Posthumanismus« sind nicht nur philosophischer und abstrakter Natur, sondern haben auch konkrete Auswirkungen auf die Frage, wie Arbeit und Arbeitsschutz normativ wie ordnungspolitisch gestaltet werden müssen.[19]

Die ordnungspolitischen Herausforderungen sind also groß und können nur dann erfolgreich angegangen werden, wenn nicht nur nach der Sicherstellung einer fairen Wettbewerbssituation gefragt wird, sondern die grundlegende Frage nach der Personalität immer mitbedacht wird. Eine nur normative Betrachtung ist stumpf, eine nur ordnungspolitische blind gegenüber dem Wesen des Menschen. Ordnungspolitik ist immer die Frage nach dem »Wie«, die durch die Frage nach dem »Warum« normativ ergänzt werden muss. Nur so spiegelt sich in der gesellschaftlichen Gestaltung der Arbeit auch unser Menschenbild: Das Bild des Menschen, der in der Arbeit seine Person entfaltet und mehr ist als ein Produktionsfaktor.

5. Alterssicherung

Hätte sie sich doch bloß verbeamten lassen, denkt sich Kathrin bisweilen. Sie war Angestellte bei der Stadt Frankfurt, ein prima Job. Gleich nach dem Studium hatte sie dort begonnen, zunächst als Referentin im Büro eines Dezernenten, dann in der »Linie«, wie es so heißt, also im Verwaltungsapparat. Zweimal hat sie pausiert, wegen der Kinder. Dann hatte sie einige Jahre Teilzeit gearbeitet, bis die Kinder aus dem Gröbsten heraus waren. Seither war sie in Vollzeit beschäftigt, und die Arbeit war prima. Sie war zunächst in der Jugend- und Sozialarbeit, später hat sie in der Flüchtlingshilfe an verantwortlicher Stelle mitgearbeitet. Nun ist sie in Rente gegangen. Verdient hat sie immer gut, zuletzt über 5000 Euro brutto. Das waren, weil sie und ihr Mann beide in Steuerklasse 4 veranlagt sind, knapp 3000 Euro netto im Monat. Nun aber der Schock: Die gesetzliche Rentenversicherung schüttet nur 1400 Euro im Monat aus. Das ist weniger als die Hälfte ihres bisherigen Verdiensts. Wäre sie Beamtin geworden, wäre es erheblich mehr. Vielleicht hätte sie nicht wegen der Kinder pausieren oder in Teilzeit gehen sollen? Sie macht sich Sorgen: Kann ich mit meinem Mann die teure Wohnung in Frankfurt halten? Oder müssen wir aus Frankfurt wegziehen? Was kann ich mir im Alter überhaupt noch leisten? So jedenfalls hatte sich Kathrin den Ruhestand nicht vorgestellt. Irgendwie hatte sie ein Bild im Hinterkopf von Reisen, die sie schon immer mit ihrem Mann unternehmen wollte, von Freiheit und Ungebundenheit. Freiheit und Ungebundenheit haben aber auch eine finanzielle Basis. Und die ist ihr mit der gesetzlichen Rente allein nicht gegeben.

Corinna aus Chemnitz wäre froh, wenn sie diese Sorgen hätte. Ihre Rente ist deutlich niedriger. Sie ist nach einem Studium in der DDR in die Bezirksverwaltung reingerutscht. Ein toller Job, gutes Gehalt, und Arbeitsplatzsicherheit. Dann kam die Wende. Eine Bezirksverwaltung brauchte man nicht mehr. In den neuen Strukturen wurde sie auch nicht mehr gebraucht und wurde arbeitslos. Aber sie war noch jung, gerade über die dreißig. Sie war ungebunden, flexibel. Sie ging nach Berlin, arbeitete für unterschiedliche Firmen, immer nur auf Projektbasis. Dann kamen Edgar und die Kinder. Sie arbeitete halbtags weiter, machte sich schließlich selbständig mit einer kleinen Beratungsfirma. Das Geld war immer knapp, aber es reichte. Dann ging Edgar, er verschwand und wurde nie mehr gesehen. Zahlungen von ihm an sie oder die Kinder – Fehlanzeige. Sie brachte beide Kinder gut durch und ist mächtig stolz auf sie. Aber in den Jahren der Selbständigkeit hat sie nicht mehr in die Rente einbezahlt. Etwas zurücklegen für das Alter – Fehlanzeige. Das wenige, das sie verdient hat, hat die kleine Familie über die Runden gebracht. In zwei Jahren will Corinna in Rente gehen. Aber der Rentenbescheid der Gesetzlichen Rentenversicherung ist deprimierend. Sechshundert Euro. Alleine die Wohnung, in der sie wohnt, kostet mehr, und das ist in Berlin noch preiswert. Was soll sie tun? Zurück nach Chemnitz in das kleine Häuschen, das die Eltern einmal am Stadtrand erworben haben? Stütze beantragen, nach all den Jahren, die sie ohne staatliche Hilfe auskam? Und sich dann vom Staat genau vorschreiben lassen, was sie braucht und was nicht? Weiterarbeiten, bis sie tot umfällt?

Die beiden geschilderten Fälle sind nicht untypisch. Viele Menschen haben sich eine bessere Alterssicherung erhofft und erleben nun: In Rente zu sein bedeutet, unter materiellen Einschränkungen zu leben. Und es ist auch kein Zufall, dass in beiden Fällen Frauen als Beispiele herangezogen worden sind. Betrachten wir die Frage der Rente einmal systematisch. Im deutschen Rentensystem gilt das Äquivalenzprinzip. Das bedeutet zweierlei. Die Höhe der Rente hängt erstens von der Höhe der Beitragszahlungen ab, die geleistet worden sind. Zweitens: Die Rente ist eine Versicherung, vom Grundsatz her, und keine soziale Leistung. So ganz stimmt das allerdings nicht, denn es werden auch Zeiten versichert, in denen keine Beiträge bezahlt werden, etwa Zeiten für Ausbildung oder Kindererziehung. Deswegen gibt es neben dem Topf der Beitragszahler noch einen zweiten Topf, aus dem sich die Rente finanziert: Die Steuerzahler, die die Rentenversicherung mit bis zu 100 Milliarden Euro pro Jahr finanzieren. Eine gigantische Summe, mehr als ein Viertel des gesamten Bundeshaushalts!

Ein zweites Charakteristikum der Rente ist: Nicht jeder muss einbezahlen. Beamte beispielsweise nicht, weil sie Pensionen erhalten. Ärzte und Rechtsanwälte haben eigene Versorgungssysteme. Selbständige sind von der Rentenversicherungspflicht in der Regel befreit; Handwerker können nach 18 Jahren aus der Rentenversicherungspflicht entlassen werden.

Ein drittes Charakteristikum der Rente ist: Sie ist eine Art Generationenvertrag. Kein richtiger, umfassender Vertrag, denn er umfasst zum einen ja nicht jeden, ist also kein gesamtgesellschaftlicher Generationenvertrag. Und zweitens umfasst er nur die Arbeitenden und die Rentner, nicht aber diejenigen, die noch nicht in Arbeit sind. Das müsste er aber eigentlich, denn es ist ein Umlagesystem. Das eingezahlte Geld wird nämlich nicht angespart, sondern sofort wieder an die Rentner ausbezahlt. Die Einzahler erwerben einen Anspruch, der von der nachfolgenden Generation eingelöst werden muss.

Beides ist seit der Einführung des heutigen Rentensystems geändert worden. Durch die Steuern beteiligen sich alle an der Finanzierung der Rente. Und die beitragsfreien Zeiten etwa bei der Kindererziehung berücksichtigen zumindest zum Teil die Altersgruppen indirekt, die noch nicht Teil des Erwerbslebens sind.

Das Rentensystem ist in hohem Maße unübersichtlich, wie ein altes Gebäude, das immer wieder umgebaut wurde, an das angebaut worden ist. Wenn man heute unter Gesichtspunkten der Gerechtigkeit und Effizienz ein Rentensystem am grünen Tisch entwerfen müsste, würde es sicherlich nicht so aussehen wie unser bestehendes Rentensystem. Das bestehende System ist pfadabhängig, und das heißt: Neue Änderungen bauen auf bestehenden Strukturen auf. Da Renten verlässlich sein müssen, verbietet sich ein grundlegender Umbau von heute auf morgen. Die Verunsicherung der Menschen wäre riesig. Deswegen sind alle Änderungen im bestehenden Rentensystem bisher nur schrittweise erfolgt. Bis auf zwei Ausnahmen: Bei der Einführung der dynamischen Rente im Jahr 1957 und bei der Wiedervereinigung 1990. Aber diese beiden Ausnahmen haben viele Rentenbezieher bevorteilt, ohne andere zu benachteiligen.

Gerade der Fall Corinna aus Chemnitz zeigt, wie sehr Rentenbezug und Arbeit zusammenhängen. Drei Jahre nach der deutschen Vereinigung waren nur 30 % der ostdeutschen Arbeitnehmer und Arbeitnehmerinnen noch in dem Job, den sie vor der Wende hatten. Viele wurden arbeitslos und fanden keinen Anschluss mehr – vor allem Frauen. Die Berufstätigkeit von Frauen in der DDR war deutlich höher als in der Bundesrepublik. Das hieß für Frauen, die vor oder kurz nach der Wende in Rente gegangen sind: Sie waren gegenüber den aus der gleichen Generation stammenden Frauen im Westen durch ihre lange Arbeitsbiographie deutlich im Vorteil. Aber diejenigen, die nach der Wende arbeitslos wurden, haben häufig keine Beschäftigung mehr gefunden, oder wenn mit vielen Lücken in der Rentenbiographie. Und da die Berufstätigkeit der Frauen in der DDR höher war als in der Bundesrepublik (und auch als normal empfunden wurde), ist am Ende die Zahl der Armutsrentnerinnen wie Corinna in den neuen Ländern so hoch.

Eine zweite Komponente kommt hinzu. Anfang des Jahrtausends gab es eine so genannte Rentenreform der rotgrünen Koalition. Eines der wichtigsten Elemente der Reform war, die gesetzliche Rente von der Sicherung des bisherigen Lebensstandards abzukoppeln. Um die Rentenlücke zu schließen, sollte eine staatlich geförderte, kapitalgedeckte Altersvorsorge eingeführt werden, die so genannte Riesterrente. Ursprünglich war geplant, dass die Arbeitnehmer 4 % ihres Bruttogehalts in die private Altersvorsorge steckten. Das wäre eine versteckte

Beitragserhöhung von 20 % auf 24 % gewesen und rief beträchtliche Kritik hervor; die Regierung zog diesen Vorschlag zurück und hob die Pflicht zu einer privaten Altersvorsorge auf. Zudem: die zusätzlichen vier Prozent hätten nur die Arbeitnehmer bezahlt. Die Arbeitgeber waren hier nicht mehr beteiligt. Fair geht anders.

Schauen wir uns diese private Altersvorsorge einmal etwas genauer an. Sie wird nicht, wie die gesetzliche Rente, paritätisch von Arbeitgebern und Arbeitnehmern getragen; die staatlichen Zuschüsse sind steuerfinanziert. Der Arbeitnehmer zahlt also auch indirekt (über die Steuern) einen Teil der staatlichen Zuschüsse zu seiner privaten Alterssicherung selbst. Zweitens hat die Versicherungswirtschaft ihr im Zuge des Gesetzgebungsverfahrens gegebenes Versprechen, ein einfaches und transparentes Produkt anzubieten, nie erfüllt. Die Vielzahl der Produkte ist nicht nur für den Laien verwirrend, die Kosten sind zum Teil erstaunlich. Das Fazit lautet: Die Versicherungswirtschaft hat von der Riesterrente profitiert, die Versicherten eher nicht, zumal in einer Niedrigzinsphase der Kapitalmarkt nichts abwirft. Die Garantien der Riesterrente beinhalten nur das einbezahlte Geld und die staatlichen Zuschüsse. Ebenso gut kann man sein Geld unter der Matratze bunkern. Die Riesterrente war kein Erfolg. Von den knapp 37 Millionen Menschen, die für eine Riesterrente in Frage kämen, haben deutlich weniger als die Hälfte Verträge abgeschlossen; viele dieser Verträge ruhen überdies. Norbert Blüm hatte schon recht: »Die Riester-Rente senkt das Rentenniveau rapide, um anschließend als Retter gegen die Altersarmut gepriesen zu werden. Sie ist jedoch nicht die Lösung des Problems, sondern Teil seiner Ursache.«[20]

Was also einmal begonnen hat als der Versuch, die Alterssicherung zu diversifizieren, ist krachend gescheitert. Zumindest für die Rentenbezieher. Richtig ist nämlich auch: Die Höhe der Beiträge zur Rentenversicherung ist eine der Komponenten, die das Rentenniveau bestimmen. Das lag in Deutschland einmal bedeutend höher und hat dazu geführt, dass die Renten den Lebensstandard in etwa sichern konnten. Das ist nach dem heutigen Stand nicht mehr so, zumindest dann, wenn man nur auf die gesetzliche Rente setzt. Ein Teil dieses Problems könnte dadurch gelöst werden, dass man die für die private Alterssicherung vorgesehenen 4 % des Arbeitnehmerbruttos wieder verpflichtend der gesetzlichen Rente zuschlägt – und zwar paritätisch finanziert von Arbeitgebern und Arbeitnehmern, also jeweils 2 %. Hierzu gibt es eine Faustformel der Deutschen Rentenversicherung: Wenn das Rentenniveau um einen Punkt steigen soll, ist ein halber Beitragspunkt mehr notwendig. Die 4 % würden als das Rentenniveau um 8 Punkte erhöhen – auf heute 56 %.

Zu den Vorschlägen einer Reform der Rentenversicherung gehört auch die Idee, alle einbezahlen zu lassen, also nicht nur die abhängig Beschäftigten, sondern auch Selbständige, Beamte, Rechtsanwälte, Ärzte. Das nennt man Verbreiterung der Bemessungsgrundlage; dies würde erfordern, die Sonderversorgungssysteme entweder abzuschaffen oder gründlich zu überholen, etwa im Sinne einer zusätzlichen Alterssicherung. Faktisch nämlich tragen bereits alle zur Finanzierung der Rentenversicherung bei, nämlich über die Steuerzuschüsse, die die Rentenversicherung erhält. Wäre es da nicht ehrlicher, auch eine allgemeine gesetzliche Rentenversicherung einzuführen, wenn bereits über die Steuer ohnehin alle an der Finanzierung der Renten beteiligt sind? Dadurch entstehen natürlich neue Anwartschaften, aber mir scheint dies insgesamt logischer als der bestehende Flickenteppich an Sondersystemen.

Ein weiteres Merkmal der Rentenversicherung ist, dass selbst abhängig Beschäftigte der Rentenversicherungspflicht nur bis zu einer bestimmten Gehaltshöhe unterliegen. Das nennt man die Beitragsbemessungsgrenze. Wer darüber liegt, kann sich freiwillig in der gesetzlichen Rentenversicherung versichern, er muss es aber nicht. Häufig wird angeführt, dass nach dem Äquivalenzprinzip sehr hohe Beiträge auch zu sehr hohen Renten führen würden. Aber das ist ein schwaches Argument. Wir haben in vielen Bereichen der Rentenversicherung das Äquivalenzprinzip bereits durchbrochen, etwa bei den Ausbildungszeiten oder den Erziehungszeiten – wäre es denn dann nicht auch möglich, das strenge Äquivalenzprinzip bei hohen Beiträgen zu modifizieren und die Höhe der Rente in den oberen Einkommensbereichen abzuflachen? Das würde eine moderate Umverteilung innerhalb des Rentensystems möglich machen. Warum muss die Grundrente durch Steuermittel bezahlt werden, anstatt innerhalb des Rentensystems eine moderate Umverteilung zuzulassen? Die Schweiz macht es vor – obgleich der Einwand richtig ist, dass dort weniger als bei uns über die Steuern umverteilt wird. So richtig dieser Einwand aber ist, scheint er mir kein plausibles Argument zu sein, es sei denn, man darf nur über die eine oder die andere Art eine Umverteilung organisieren.

Häufig wird von den »drei Säulen« der Alterssicherung gesprochen: Der gesetzlichen Rentenversicherung, der betrieblichen Altersvorsorge und der kapitalgedeckten. Das Bild ist allerdings falsch, es suggeriert eine Gleichwertigkeit von drei Säulen, die dann das Dach der Alterssicherung tragen, die so nicht gegeben ist. Tatsächlich ist die gesetzliche Rentenversicherung für die Allermeisten die tragende, die dickste Säule. Wohl dem, der noch weitere Einkünfte hat – deswegen ist auch das bisweilen vom Boulevard beschworene Katastrophenszenario, jeder Dritte würde in Zukunft im Alter unter der Armutsgrenze leben, falsch. Man muss die Gesamteinkünfte im Alter betrachten, nicht nur den Rentenanspruch – und da gibt es neben zusätzlichen betrieblichen und kapitalgedeckten Renten auch noch mögliche Einkünfte aus Vermietungen und Verpachtungen, aus Lebensversicherungen, aus Leibrenten, Renten aus Versorgungswerken und vieles mehr. Das wird auch in dem oben genannten Fall von Kathrin zutreffen, denn die Stadt Frankfurt stellt für ihre Angestellten über die Zusatzversorgungskasse eine betriebliche Rente in Aussicht. Gerade bei langer Betriebszugehörigkeit kann diese durchaus eine Brücke schlagen zu einem lebensstandardsichernden Alterseinkommen.

Und Corinna? Sie fällt in gewisser Weise durch den Rost. Vielleicht hätte ihr eine Rente nach Mindestentgeltpunkten geholfen, wie sie bis 1992 existiert hat. Die Grundrente kommt für sie nicht in Frage, weil sie die erforderlichen 35 Beitragsjahre nicht nachweisen kann. Sie wird auf Sozialhilfe und Wohngeld angewiesen sein mit der Folge, dass sie nur geringe Freibeträge für eigenes Vermögen hat. Das ist für eine Lebensleistung unter schwierigen Bedingungen eine bittere Nachricht und ein eher trauriges Zeugnis über unsere Fähigkeit zur Solidarität. Stattdessen werden Diskussionen geführt, als ob jede Rentenzahlung ein Frevel an den Lebenschancen der jungen Generation wäre. Das ist nicht so, im Gegenteil. Den historisch hohen Lebensstandard und die einmaligen Bildungs- und Teilhabechancen verdankt diese Generation auch der Arbeit derjenigen, die nun in Rente sind oder gehen wollen. Das sollte sich auch so mancher Funktionär der jungen Generation einmal vor Augen halten. Das Podest, von dem aus er seine Klage formuliert, ist von der Generation gebaut worden, gegen die sich die Klage richtet. Mehr noch: In einer demographisch abnehmenden Gesellschaft profitiert die jüngere Generation in besonderer Weise auch von den Vermögens- und Sachwerten, die eine ältere, vielfach ohne Kinder gebliebene Generation, vererbt. So bleibt der Eindruck, dass so mancher jugendliche Kritiker des Rentensystems ein Ichling ist, dem die Idee der Generationensolidarität, von der er schon längst profitiert hat, fremd ist.

Am Rentensystem gibt es vieles zu verbessern. Einiges haben wir in den letzten Jahren erreicht, vor allem die Verbesserung der Erwerbsminderungsrente. Anderes wird debattiert, beispielsweise die Einbeziehung der Soloselbständigen oder die Verpflichtung zu einer Betriebsrente. Es fehlt aber der Mut zu einer Generalrevision: Allgemeine Rentenpflicht für alle, Aufhebung der Beitragsbemessungsgrenze, Heranziehung der Kapitaleinkünfte für die Sozialversicherungen, Umverteilung im Rentensystem selbst. All das wären Optionen. Ich persönlich finde das Modell, das die Katholische Arbeitnehmerschaft schon vor vielen Jahren entwickelt hat, attraktiv.[21] Es rechnet sich und wäre eine attraktive, einfache und gerechte Alternative. Man muss nur wollen, auch wenn die Übergangszeiten lange sind. Die Rentnerinnen und Rentner haben es verdient.

6. Arm und reich

Sind Sie eigentlich reich? Oder würden Sie sich eher auf der Skala als »arm« verorten? Tatsache ist: Die wenigsten würde sich selbst in eine dieser Kategorien einordnen, weil beide Begriffe mit bestimmten Assoziationen verbunden sind. Arm, so ist die Assoziation, ist jemand, der kaum etwas zur Bestreitung seines Lebens hat, eine zerlumpte Gestalt wie aus Erzählungen von Charles Dickens. Arm ist man, wenn man keine Wohnung hat und auf der Straße lebt. Arm sind die Menschen in Afrika, die hungern.

Und reich? Das Bild ändert sich: Man hat so etwas wie die Geissens im Kopf, ein Jetsetleben, wo Geld keine Rolle spielt; man kann sich eine Jacht leisten, permanenten Urlaub, und notfalls auch ein paar Schönheits-OPs, wenn die Schwerkraft mal wieder ihren Tribut fordert. Reich ist man, wenn man sich eben mal so ein neues Auto kaufen kann oder genügend Taschengeld hat, sich alle Unannehmlichkeiten vom Hals zu schaffen; wenn man vieles nicht mehr selbst machen muss, sondern dafür seine Angestellten hat.

Aber: Das sind eher romantische Begriffe von

Armut und Reichtum, oder doch zumindest überholte. Denn heute sind arm und reich lediglich statistische Kategorien. Sie bezeichnen eine bestimmte Form der Ungleichheit. Mit anderen Worten: Arm und reich sind relativ. Aber zu was?[22]

In der Statistik wird heute Armut definiert als ein Einkommen, das weniger als 40 % des Medianeinkommens beträgt. Armut wird also zunächst auf ein Einkommen bezogen, nicht auf Vermögen; aber das ist nur vordergründig der Fall, weil in aller Regel Vermögen natürlich auch Einkommen generiert. Schauen wir etwas genauer auf die Definition. Wer weniger als vierzig Prozent des Medianeinkommens hat, gilt als arm. Das Medianeinkommen ist nicht das Durchschnittseinkommen. Bei der Berechnung des Durchschnittseinkommens werden alle Einkommen addiert und durch die Anzahl der Menschen, die Einkommen haben, geteilt. Ergebnis ist das Durchschnittseinkommen. Beim Medianeinkommen werden virtuell alle Einkommen nebeneinander gelegt, gestaffelt nach der Höhe. Der Median ist dort, wo ebenso viele Menschen mehr verdienen als weniger. Man kann es sich wie in der Geografie vorstellen: Der Äquator ist die Linie, von der aus gesehen südlich ebenso viel Erdanteil ist wie nördlich. Der Median ist also eine Art Äquator des Einkommens: nur dass auf der einen Seite mehr, auf der anderen weniger zu finden ist, die Anzahl der Einkommen ist aber genau gleich.

Nun sagt die Statistik: Weniger als 40 % des Medianeinkommens, und man ist arm; weniger als 60 %, und man ist armutsgefährdet. Das sagt nur etwas über das Einkommen aus, nicht aber über die Lebenslage. Ein einfaches Beispiel: Ein Student mag ein Einkommen haben, das wenig unter der Armutsgrenze liegt. Aber wenn er im Studentenwohnheim lebt und über den Status als Studierender noch in den Sozialversicherungen abgesichert ist, haben wir es mit einer anderen Lebenslage zu tun als wenn ein Arbeitnehmer mit dem gleichen Einkommen auskommen muss – oder ein Rentner, der aber ein eigenes Haus besitzt und mietfrei wohnt. Lebenslagen können sich auch darin unterscheiden, wo man wohnt. Mit 1500 Euro netto komme ich in Frankfurt am Main nicht besonders weit, in einer ländlichen Region wie in Osthessen vermutlich schon. Es sind also viele weitere Variablen, die die Lebenslage definieren, nicht nur das verfügbare Einkommen. Deswegen ist der Indikator »Armut« also nur eine sehr grobe Annäherung an die soziale und gesellschaftliche Realität – Grund genug, dass die Bundesregierung in ihren regelmäßigen Armuts- und Reichtumsberichten auch die Lebenslagen in den Blick nimmt.[23] Zudem ist richtig: Die reinen statistischen Daten sagen nichts über Lebensqualität und Lebenszufriedenheit aus. Hier sind andere, teilweise nicht messbare Faktoren relevant, die nur durch individuelle Befragungen ans Licht kommen. Armut ist also für die Frage der Lebensqualität nur bedingt aussagekräftig.

Vollends absurd wird es, wenn wir neben der Armut auch den Reichtum betrachten. Der ist von den Statistikern definiert als 200 % und mehr des Medianeinkommens. Wieder bewegen wir uns nur auf der Einkommensebene; alle regionalen Differenzierungen spielen ebenso wenig eine Rolle wie Vermögen, es sei denn, es wird ein Einkommen aus dem Vermögen erzielt, etwa über Zinsen, Mieten oder Pachten. Ein skurriler Kunstsammler etwa, der für mehrere Millionen Euro Bilder an seiner Wand hängen hat, aber lediglich ein Einkommen im Bereich des Medians hat, gilt nicht als reich – bis er die Bilder veräußert. Solange sie nur an seiner Wand hängen, sind sie für die Einstufung als arm oder reich unerheblich.

Schauen wir uns das Medianeinkommen etwas genauer an. Es liegt für einen Single bei etwa 1700 Euro im Monat – bei sehr unterschiedlichen Medianen in den einzelnen Bundesländern. Vierzig Prozent, also die Armutsgrenze, liegt dann bei 680 Euro. Und die Grenze, ab der statistisch gesehen der Reichtum beginnt, bei 3400 Euro, netto. In einigen Bereichen liegt ein Einstellungsgehalt nach einem Studium bereits darüber. Das ist freilich nicht »Reichtum«, wie man sich ihn landläufig vorstellt. So viel aber zunächst zur Plausibilität von statistischen Kategorien.

Warum sich ein Staat, eine Gesellschaft, darum kümmern muss, Armut zu begrenzen, erscheint einleuchtend. Deutschland ist ein Sozialstaat und der Würde des Menschen verpflichtet. Diese gebietet es, dass alle Menschen ausreichend Mittel zur soziokulturellen Teilhabe zur Verfügung stehen. Das ist zunächst einmal die Sache eines jeden Einzelnen. Aber dort, wo der Einzelne aus welchen Gründen auch immer dazu nicht in der Lage ist, muss der Staat unterstützen. Freilich ist auch richtig: Die Gewährleistung soziokultureller Teilhabe heißt nicht, dass damit die Armut abgeschafft ist.

Da Armut ein statistisches Phänomen ist, wird es immer Armut geben – es sei denn, alle verdienen genau das Gleiche, dann gibt es kein Einkommen unter dem Median. Armutsbekämpfung ist also nur dann möglich, wenn man alle gleich macht – das will keiner und das würde auch mit der Würde des Menschen, zu der auch die Freiheit gehört, kollidieren. Wenn also jemand mutig aussagt, er wolle die Armut in Deutschland beseitigen, dann ist das entweder eine hohle Phrase oder die Aussage zielt tatsächlich darauf ab, ein anderes Wirtschafts- und Sozialsystem zu installieren mit einem hohen Maß an Gleichheit. Die Armutsfrage ist lediglich der Hebel, mit dem das geschieht. In einer freien Gesellschaft wird es, trotz sozialstaatlicher Intervention, immer Armut geben. Das ist kein Stigma, sondern eine statistische Kategorie. Worum es aber letztendlich geht ist: Menschen die soziokulturelle Teilhabe zu ermöglichen, die ihrer Menschenwürde entspricht und ihnen Hilfestellungen zu geben, ihr Leben eigenständig zu gestalten. Armut ist keine soziale Lebenslage als Schicksal, sondern eine statistische Kategorie der Ungleichheit. Sie wird es so lange geben, wie es Ungleichheit in einer Gesellschaft gibt.

Ungleichheit ist Resultat zunächst der Ungleichheit der Menschen. Sie kommen mit unterschiedlichen Befähigungen in die Welt, mit unterschiedlichen Neigungen und Interessen, und sie entwickeln unterschiedliche Planungen für ihr Leben. Die Ungleichheit ist aber auch eine große Chance. Es ermöglicht den Menschen, sich hervorzutun, etwas Besonderes zu sein, wenn man seine Potentiale entfaltet. Das trägt zu Innovation und Fortschritt bei. Ungleichheit kann also sehr positive Auswirkungen haben; es kann daher auch dazu führen, dass sich Unterschiede in den Neigungen, Fähigkeiten und Interessen auch in unterschiedlich hoher Entlohnung bemerkbar machen. Gegenüber einer Gesellschaft, die auf Privilegien durch Geburt basieren, ist dies ein Fortschritt. Die Gesellschaft wird mobiler, Leistung ist ein Maßstab für unterschiedliche soziale Positionen. Gleichzeitig lebt der Sozialstaat von der Leistung derjenigen, die die Mittel zur Umverteilung erwirtschaften.

Auf der Ebene der Entlohnung sind die Ungleichheiten in Deutschland weniger stark ausgeprägt.

Das kann man empirisch messen. Maßstab dazu ist der so genannte Gini-Koeffizient. Er gibt das Maß an Ungleichheit an. Auf einer Skala von Null (absolute Gleichheit) bis Eins (absolute Ungleichheit, alles gehört einem) liegt Deutschland bei etwa 0.30, und das ist niedriger als der OECD-Durchschnitt. Zum Vergleich: In den USA beträgt der Gini-Koeffizient bei den Einkommen etwa 0.40, liegt also deutlich höher und spiegelt eine sehr viel höhere Ungleichheit in der Einkommensverteilung. In Deutschland ist der Gini-Koeffizient seit 2005 weitgehend stabil. Das kann sich allerdings durch die Effekte der Coronapandemie noch verschieben.

Der Gini-Koeffizient ist ein sehr grobes Instrument. Es sagt nichts darüber aus, wo sich Einkommensunterschiede verschieben, sondern nur, dass es aufs Ganze betrachtet der Fall ist. Schaut man genauer hin, ergeben sich unterschiedliche Strategien: Etwa für die unteren Lohngruppen, für die Steuerpolitik und vieles mehr. Hier kann man mit den unterschiedlichsten Instrumenten nachsteuern, um eine möglichst ausgeglichene Einkommensverteilung zu erreichen. Komplizierter ist die Angelegenheit im Bereich der Vermögensverteilung. In weiten Bereichen sind wir bei Vermögen auf Schätzungen angewiesen. Wir wissen sehr viel über die Armen in der Gesellschaft, aber sehr wenig über die Reichen. Daher fällt eine genaue Berechnung schwer, aber der Gini-Koeffizient gibt hier einen ersten Anhaltspunkt: Hier liegt die Kennzahl für Deutschland bei 0.79, zeigt also eine sehr hohe Ungleichheit der Vermögensverteilung an. Nun mag man richtigerweise einwenden, dass die Anwartschaften der gesetzlichen Alterssicherung nicht als Vermögen einberechnet sind, und die betragen immerhin 4.600 Milliarden Euro. Aber richtig ist eben auch: 45 der vermögendsten Deutschen besitzen ebenso viel wie die ärmere Hälfte aller Deutschen.[24] Andere Statistiken machen deutlich: Die oberen 1 % besitzen 35 % des Vermögens, die oberen 10 % besitzen 67 % des Vermögens. Es ist schon richtig: Die Vermögensungleichheit in Deutschland wurde bislang deutlich unterschätzt.[25]

Na und?, werden einige einwenden, was soll daran schlimm sein? Ich antworte darauf meist mit einem Verweis auf Matthäus 12, 25: Ein jedes Reich, wenn es in sich selbst gespalten ist, sinkt dahin. Und keine Stadt, kein Haus vermag zu bestehen, wenn es in sich selbst gespalten ist – so hat es Abraham Lincoln einmal formuliert. Ein Gemeinwesen kann nur bestehen, wenn es eine Idee einer Gemeinschaft hat. Wenn die sozialen Unterschiede zu krass werden, ist diese Idee der Gemeinschaft gefährdet. Deswegen ist es klug, Extreme zu vermeiden. Und die Vermögensungleichheit in Deutschland ist extrem.

Ungleichheiten lassen sich durch Unterschiede in der Leistung rechtfertigen, auch durch ein Risiko, das man eingegangen ist. Leistungsloses Vermögen indes untergräbt die Legitimität einer Ordnung, die auf Ungleichheit beruht. Das haben auch einige Ordoliberale so gesehen und eine progressive Vermögenssteuer befürwortet, weil ererbtes Vermögen eben nichts mit einer Leistung, sondern mit den Vorrechten einer Geburt bzw. einer Erbfolge zu tun hat. Gegen eine solche Besteuerung wird immer eingewendet, dass sehr häufig Vermögen in Unternehmen selbst gebunden ist und deswegen durch eine Besteuerung von Vermögen Arbeitsplätze gefährdet würden. Allerdings, so entgegnet die Wirtschaftsjournalistin Ulrike Hermann diesem Argument lapidar, »konnten selbst die Handelskammern keinen einzigen Fall nennen, bei dem ein Betrieb Pleite gegangen wäre, nur weil die Erbschaftssteuer so drückte.«[26] Eine Reihe anderer Maßnahmen kommt hinzu: Unter rotgrün wurde der Spitzensteuersatz deutlich gesenkt, Kapitaleinkünfte werden seit 2009 nur noch pauschal mit 25 % versteuert, ohne jede Progression; damit ist Kapital besser gestellt als Arbeit, die ja progressiv besteuert wird. Und trotzdem, die periodisch auftauchenden Berichte über Schwarzgeld belegen es, entziehen Reiche ihr Vermögen dem Zugriff des Staates dadurch, dass sie es in Steuerparadiesen bunkern und sich somit auch der gesellschaftlichen Solidarität entziehen. Mit anderen Worten: Der gesellschaftliche Zusammenhalt wird von oben aufgekündigt.

Überhaupt, das Verhältnis von Geld und Arbeit.

Wohlstand und Werte werden nur durch Arbeit geschaffen, nicht durch Spekulation. Die verhängnisvolle Entwicklung, die Normalverdiener überproportional zur Finanzierung gesellschaftlicher Aufgaben heranzuziehen, muss beendet werden. Wer Kapitaleinkünfte erheblich geringer besteuert als Einkünfte durch Arbeit, liegt ordnungspolitisch falsch: Die Fairness gebietet zumindest eine gleiche Besteuerung, vielleicht sogar eine höhere, weil Kapitaleinkünfte leistungsloses Einkommen sind und gegen den Grundsatz verstoßen, dass sich Leistung lohnen muss. Gleiches gilt für Vermögen. Bei großen Vermögen keine Steuern zu erheben widerspricht allen Grundsätzen der Fairness und der Gerechtigkeit. Auch hier liegt ein Einkommen ohne Leistung vor. Die Zurückhaltung gegenüber einer substantiellen Vermögenssteuer ist kaum zu verstehen; sie gefährdet im Gegenteil den gesellschaftlichen Zusammenhalt, von dem ja die Reichen auch in besonderem Maß profitieren. Die Gesellschaft geht nicht daran zugrunde, dass wenige Arme das System ausnutzen, so ärgerlich das im Einzelfall sein mag; sie geht daran zugrunde, dass die Reichen in diesem Land, die Vermögenden, sich eine Sonderstellung gesichert haben, die sie weitgehend von der Finanzierung der Gemeinschaftsaufgaben befreit. Das ist einer der tiefen, grundlegenden und andauernden Skandale der deutschen Politik.

7. Hartz 4

Hartz 4 ist ein Begriff, der längst in die kollektive Folklore eingegangen ist: Mal als Angstbegriff, mal als Lebensform. Betrachten wir zwei Beispiele:

Franz aus Berlin ist verzweifelt. Er ist Anfang fünfzig. Der Betrieb, bei dem er gelernt hat, bei dem er als Industriemechaniker fast dreißig Jahre beschäftigt war, ist insolvent. Alle wurden entlassen. Nun gibt es Geld aus einer Auffanggesellschaft, danach kommen noch einmal Leistungen aus der Arbeitslosenversicherung hinzu. Aber irgendwann ist das Ende der Fahnenstange erreicht. Es droht Hartz 4. Was wird dann aus ihm und seiner Familie? Seine Frau hat sich immer um die Kinder gekümmert, die jetzt aus dem Haus sind. Sie hat nicht gearbeitet. Noch immer leben sie in der schönen Vierzimmerwohnung in Spandau, die sie schon vor der Wende bezogen hatten. Alle Freunde sind auch hier in der Gegend, der Kleingartenverein, die Skatrunde. Wer will ihn mit über fünfzig Jahren denn noch beschäftigen? Die Aussichten scheinen trübe. Und was ist dann, wenn die Familie Hartz 4 bekommt? Das reicht hinten und vorne nicht mehr, denn mit den Jahren haben Franz und seine Frau ja auch einen gewissen Lebensstandard erreicht. Klar, er könnte noch ein wenig nebenher verdienen, schwarz. Nicht ungefährlich, aber das machen ja viele so. Aber trotzdem: Er würde seine Wohnung verlieren, müsste mit seiner Frau in eine kleinere Wohnung umziehen, obwohl die Vierzimmerwohnung in Spandau billiger ist als kleinere Wohnungen. Die Miete ist in den vergangenen Jahrzehnten nur moderat nach oben gegangen, die Wohnung ist für heutige Berliner Verhältnisse obszön preiswert. Es war immer sein Stolz, seine Familie ernähren zu können. Jetzt, mit Hartz 4, würde er vor seiner Frau, seinen Kindern, seinen Freunden wie ein Versager dastehen. Franz ist verzweifelt: War denn sein bisheriges Leben gar nichts wert?

Toni aus Köln geht den Tag gelassen an. Er ist Anfang dreißig, ungebunden und seit zwei Jahren »auf Hartz«. Er lebt in einem kleinen Appartement im Süden der Stadt und arbeitet an seinem großen Traum: Seinem ersten Roman. Er will Schriftsteller werden, aber das kann er natürlich dem Persönlichen Ansprechpartner im Jobcenter nicht sagen. Der will ihn immer auf irgendwelche Fortbildungen schicken, will, dass er sich auf Jobs bewirbt – Toni hat Fotograf gelernt – will, dass er in den Arbeitsmarkt integriert wird. Toni will das überhaupt nicht. Nine-to-five-Job? Von wegen. Er verdient nebenher ein wenig Geld, indem er hier und da mal

Fotoshootings macht. Nachts ist er gerne mit seinen Freunden unterwegs in der Kölner Clubszene. Nicht nur zum reinen Vergnügen, wie er immer wieder sich selbst sagt, sondern auch, um Material zu sammeln für seinen Roman. Seine Ansprüche sind nicht hoch, er kommt ansonsten mit dem Geld aus. Ein wenig stecken ihm auch seine Eltern immer mal wieder zu, damit der Junge nicht hungern muss, wie sie sagen. Sorgen um seine Zukunft macht sich Toni nicht. Er ist sich sicher: Wenn sein Roman erst einmal veröffentlicht ist, wird alles wieder gut.

Das Leben mit Hartz 4 ist so bunt wie das Leben selbst. Einige schreckt es in keiner Weise, im Gegenteil: Die Lebensform »Hartzen« ist völlig akzeptiert.[27] Für andere ist Hartz der Inbegriff des sozialen Abstiegs; es entwertet ihr bisheriges Leben. Die Hartz-Gesetzgebung hat in der rotgrünen Koalition die alte Welt von Arbeitslosenversicherung, Arbeitslosenhilfe und Sozialhilfe abgelöst. Interessant ist vor allem die Arbeitslosenhilfe. Sie wurde unter Konrad Adenauer eingeführt und war eine (aus Steuergeldern bezahlte) Leistung, die nicht befristet war und deren Höhe von der Höhe des letzten Einkommens abhing. Die Arbeitslosenhilfe war steuerfrei, eine Nebenbeschäftigung bis zu 15 Stunden pro Woche war erlaubt. Das ermöglichte eine Reihe schillernder Existenzen am Rande der Gesellschaft. Zwar hatte auch die Arbeitslosenhilfe Voraussetzungen – man musste grundsätzlich dem

Arbeitsmarkt zur Verfügung stehen – aber das war alles nicht in der Stringenz organisiert, mit der in der Welt von Hartz 4 »fördern und fordern« angegangen wird. Man wird also sagen können: Vergleicht man die alte Arbeitslosenhilfe und Hartz 4, dann stehen die Leistungsbezieher bei Hartz 4 erheblich schlechter da: Finanziell, was die Anerkennung der Lebensleistung angeht, aber auch vom sozialen Status her.

Vom Grundsatz her ist die Idee von Hartz 4 nachvollziehbar und in Ordnung. Eine Unterstützungsleistung durch Steuergelder setzt voraus, dass erst alle anderen zur Verfügung stehenden Mittel erschöpft sind. Hartz ist als nachrangige, als subsidiäre Leistung organisiert. Das bedeutet: Andere Einkünfte werden verrechnet bzw. müssen vorrangig in Anspruch genommen werden. Der Steuerzahler soll nicht Menschen finanzieren müssen, die nicht bedürftig sind und sich aus eigenen Kräften helfen können. Zwar gib es Grenzen, die erworbenes Vermögen schützen, diese sind aber eng gefasst. Überspitzt formuliert: Wer Mieteinnahmen hat, die den Lebensunterhalt sichern, kann kein Hartz 4 bekommen. Ebenso wenig wie jemand, der einen echten Picasso an der Wand hängen hat.

Eine zweite Grundidee von Hartz 4 ist, dass jemand, der Vollzeit arbeitet, sich immer besser stellen muss als jemand, der Hartz 4 bezieht. Dieses so genannte Abstandsgebot soll sicherstellen, dass sich Arbeit »lohnt« und es keinen Anreiz gibt, stattdessen Hartz 4 zu beziehen. Sicherlich, die ganz überwiegende Zahl der Menschen schätzt an der Arbeit auch die sozialen Kontakte, vielleicht auch die Anerkennung, die damit verbunden ist, aber es gibt auch die knallharten Rechner, die auf den Cent genau ausrechnen, ab welchem Verdienst es sich für sie lohnt, aus dem Hartz-4-Bezug auszuscheiden. Das Abstandsgebot ist eine vernünftige Schranke, zunächst einmal. Aber Bestandteil der Hartz-Gesetzgebung war auch die Etablierung eines Niedriglohnsektors, in welchem – in Abwesenheit eines Mindestlohns – obszön niedrige Löhne gezahlt wurden, die dann durch den Staat aufgestockt werden mussten – nichts anderes als eine Subvention von Unternehmen. Das Abstandsgebot wurde zur Farce. Am Ende gibt es nämlich auch eine Untergrenze für Fürsorgeleistungen, und die hat das Bundesverfassungsgericht festgelegt: Die soziokulturelle Teilhabe muss ermöglicht werden. Also: mehr als bloßes Überleben, aber doch ein Leben am soziokulturellen Existenzminimum. Das macht den zum Teil auch abstrafenden Charakter von Hartz 4 aus.

Besonders deutlich wird dieser strafende Charakter durch die dritte Grundidee, die Sanktionen. Das Argument hierfür lautet: Arbeitnehmern kann bei Pflichtverletzungen das Gehalt gekürzt werden, warum nicht auch Menschen, die vom Steuerzahler eine Art Gehalt bekommen? Das Gegenargument hierzu war immer: Das soziokulturelle Existenzminimum kann nicht unterschritten werden, ohne die grundgesetzlich geschützte Würde des Menschen zu verletzen. Wie so häufig bei solch normativ aufgeladenen Fragen ist das Bundesverfassungsgericht hier als letztendlicher Entscheider angerufen worden. Das berühmte Urteil zu den Sanktionen aus dem Jahr 2019 hat, ganz salomonisch, beiden Seiten irgendwie Recht gegeben.[28]

Wenn man genauer hinschaut, ist die ganze Debatte um Hartz 4 durch drei sehr unterschiedliche Grundphilosophien gekennzeichnet. Die erste lautet: Der Mensch ist für sich selbst verantwortlich. Er kann und darf nicht erwarten, dass ihm andere seinen Lebensunterhalt bezahlen. Das ist die liberale bzw. neoliberale Haltung. Im Extremfall muss der Mensch eben sehen, wo er bleibt. Notfalls unter der Brücke. Bedürftigkeit ist in dieser Sicht ein Charaktermangel des Einzelnen. Dafür ist die Gemeinschaft nicht zuständig. Diese Philosophie hat im 19. Jahrhundert zu der Einrichtung so genannter Arbeitshäuser geführt. Dort sollten die Menschen zur Arbeit »erzogen« werden – ein Ansatz, den heute glücklicherweise niemand mehr ernsthaft vertritt. Die zweite Grundphilosophie lautet: Der Staat schuldet den Menschen Unterstützung. Er muss sie auch dann unterstützen, wenn sie aus welchen Gründen auch immer keine eigene Anstrengung unternehmen wollen, um ihren Lebensunterhalt eigenständig zu sichern. Das ist die Versorgungsmentalität des Sozialismus. Eine dritte Position argumentiert: Der Staat muss und darf nicht bedingungslos unterstützen, sondern nur dann, wenn bestimmte Kriterien erfüllt sind, etwa, dass alle anderen Möglichkeiten der Hilfe und Selbsthilfe ausgeschöpft sind. Das ist die Position der Soziallehre. Jede dieser Positionen hat Stärken, aber auch Schwächen. Die liberale Position überbetont die Selbstverantwortlichkeit des Menschen. Manche Menschen brauchen Anleitung und Hilfe, manche nicht; alle über einen Kamm zu scheren würde viele ins Elend treiben und die Gesellschaft destabilisieren. Die sozialistische Position überbetont die Verantwortung des Staates. Warum sich also selbst kümmern, wenn der Staat dies tut? Am Ende steht eine Gesellschaft, in der ein bürokratischer Staatsapparat sich um alle Bedürfnisse der Menschen kümmert und sie verlernen, eigene Verantwortung zu übernehmen. Die Soziallehre stellt zwar kluge Prinzipien auf, die das »Wie« einer staatlichen Hilfe beantworten, kann aber eine Frage nicht beantworten: Was tun, wenn Einzelne die staatliche Hilfe bewusst ausnutzen und sich überhaupt nicht um Eigenverantwortung oder die Verantwortung für das Gemeinwohl bekümmern?

Vermutlich können kluge Antworten nur darin liegen, weiter zu differenzieren und nicht alle Fälle gleich zu behandeln. Das dient zwar vordergründig der Gleichheit aller, was die Bedingungen der Leistungen angeht, ist aber unter dem Gesichtspunkt der Gerechtigkeit mehr als problematisch – was verbindet denn den Familienvater Franz mit dem Bohemien Toni? Was verbindet jemandem, der seine Lebensleistung durch Hartz 4 entwertet sieht, mit jemandem, für den Hartz 4 eine Art willkommenes Grundeinkommen der anstrengungslosen Gestaltung seines Lebenswandels ist? Genau hier liegt das grundsätzliche Konstruktionsproblem von Hartz 4; es behandelt diese Fälle unterschiedslos. Sicherlich, mittlerweile gibt es leichte Differenzierungen: Die Anzahl der Monate, die ein Arbeitsloser Geld aus der Arbeitslosenversicherung bekommt, steigt mit dem Alter. Aber das grundsätzliche Problem, dass Hartz 4 Lebensleistungen entwertet, bleibt bestehen. Zwei Lösungswege stehen offen:

In der Coronakrise wurde der Zugang zu Leistungen nach Hartz 4 erleichtert, vor allem für Soloselbständige. Man verzichtete weitgehend auf Einkommens- und Vermögensprüfungen sowie auf die Frage, ob die Wohngröße angemessen ist, auch, um schnell und unbürokratisch helfen zu können und diese Hilfen von der Notwendigkeit zu befreien, durch einen (ja zum Teil staatlich angeordneten) Verlust an Verdienstmöglichkeiten auch noch das Ersparte aufbrauchen zu müssen. Ähnlich wird es in der Grundrente praktiziert: Keine Offenlegung von Vermögen, sondern lediglich eine Einkommensprüfung. Wenn aus dem Vermögen Einkommen über einem bestimmten Freibetrag generiert wird, dann wird es angerechnet, wenn nicht, bleibt es unbeachtet. Eine aus meiner Sicht bessere Lösung wäre aber, bei Arbeitnehmern, die eine bestimmte Mindestzeit in die Arbeitslosenversicherung einbezahlt haben (sagen wir zwanzig Jahre) wieder die alte Arbeitslosenhilfe einzuführen, bei gleichzeitigem Zugang zu allen Förder- und Vermittlungsmöglichkeiten. Gerade in Fällen wie bei Franz ist die Angst vor Hartz 4 mitunter lähmend und raubt den Lebens- und Gestaltungswillen. Für solche Fälle mag es aber auch gleichzeitig schwerer sein, eine Anschlussbeschäftigung zu finden. Eines aber wird man von Menschen wie Franz nicht erwarten: Dass sie nach vielen Jahren im Arbeitsleben nun plötzlich nur noch von staatlicher Fürsorge leben wollen. Das mag es vereinzelt auch geben, aber es ist nicht klug, eine allgemeine Regelung mit Blick auf die Ausnahmefälle zu gestalten.

Menschen verlieren ihre Würde nicht, wenn sie arbeitslos werden. Deswegen ist der Staat verpflichtet, die Würde zu schützen. Das gilt aber nicht bedingungslos.[29] Es entspricht dem christlichen Menschenbild, Menschen in Not zu helfen. Aber es gilt auch: Wer sich selbst helfen kann, muss dies tun. Hartz 4 setzt voraus, dass Menschen noch arbeitsfähig sind (für mindestens drei Stunden am Tag) und man ihnen hilft, möglichst schnell wieder aus dem

Hilfebezug herauskommen zu können. Hartz 4 ist nicht die Finanzierung einer eigenen Lebensphilosophie ohne Erwerbsarbeit durch die Gesellschaft. Die Hilfe wird unter der Erwartung der Mitwirkung des Empfängers ausgezahlt, den Hilfebezug so kurz wie möglich zu gestalten. Aus dieser Idee heraus sind auch die Sanktionen gerechtfertigt. Allerdings ist das Grundgesetz mit der Betonung der Würde des Menschen zum Teil über diese Grenzen der Hilfspflichten hinaus gegangen. Es gibt (und gab es schon im Bundessozialhilfegesetz) eine nicht unbeträchtliche Anzahl von Menschen, die viel Anstrengung darauf verwenden, sich ihrer Pflicht, sich selbst zu helfen, zu entziehen und die Alimentierung durch den Staat als dauerhaftes Lebensmodell ansehen. Das ist ein ärgerliches Trittbrettfahrerverhalten. Gegenüber dieser Klientel hilft, wenn keine Sanktion greift – und eine Vollsanktion ist kaum mehr möglich – nur die Überstellung in die Sozialhilfe nach SGB XII. Hier wird keine Arbeitsfähigkeit mehr vorausgesetzt und auch keine Vermittlung in Arbeit mehr angestrebt.

Fassen wir zusammen: Hartz 4 hat seine Schwächen, aber es ist ein lernendes System. In den letzten Jahren ist vieles getan worden, um die Instrumente der Wiedereingliederung in den Arbeitsmarkt deutlich zu verbessern. Es bleiben aber systematische Schieflagen, wie sie im Fall von Franz und Toni deutlich werden. Hartz 4 ist kein bedingungsloses

Grundeinkommen zur Finanzierung persönlicher Projekte. Und ebenso wenig soll es die Lebensleistung von Menschen entwerten. Es ist also noch einiges zu tun.

8. Pflege

Es kann so schnell gehen: Ein Schlaganfall, ein Verkehrsunfall, und schon ist man, wenn man Pech hat, aus seinem bisherigen Leben herausgerissen. Erst kommt eine Reha-Maßnahme, und dann ist man vielleicht auf Dauer pflegebedürftig. Pflege zu benötigen ist keine Frage des Alters. Richtig ist aber auch: In einer älter werdenden Gesellschaft steigt die Anzahl der Menschen, die am Ende ihres Lebens auf Pflege angewiesen sein werden. Aber es stimmt auch: Es kann jeden treffen, in jeder Altersgruppe. Und dann stellt die Notwendigkeit der Pflege nicht nur das eigene Leben auf den Kopf, sondern häufig auch das der Familie.

Wie bei meiner Schulfreundin Heidi. Ihr Vater hatte mit 72 Jahren einen Schlaganfall. Er lag ein paar Tage in der Intensivstation, dann kam er in eine Reha-Maßnahme. Heidis Eltern sind geschieden, ihre Mutter hatte vor vielen Jahren erneut geheiratet und war in eine andere Stadt gezogen. Auch Heidi wohnt seit langem nicht mehr an der Mosel, sondern in Frankfurt. Ihr Bruder hat in München Karriere bei Siemens gemacht. Heidi hatte sich im

Rahmen ihrer Möglichkeiten darum gekümmert, die unmittelbaren Maßnahmen für ihren Vater zu regeln, stieß aber bald an ihre Grenzen. Schließlich ist sie auch berufstätig. Die Kinder sind zwar aus dem Haus, aber das Haus ist noch nicht abbezahlt, und Heidis Einkommen als Mitarbeiterin im Gesundheitsamt wird gebraucht. Nach der Reha ist der Vater wieder auf den Beinen, aber nicht mehr so wie vorher. Er braucht Hilfe, kann aber mit Hilfe sein Leben auch alleine leben. Er wird mit dem Pflegegrad 2 eingestuft, und Heidi besorgt eine Pflegehilfe, die ihren Vater einmal am Tag aufsucht. Das wird aus der Pflegeversicherung bezahlt. Aber Heidi macht sich Sorgen: Was passiert, wenn sich der Zustand ihres Vaters verschlimmert, er einen weiteren Anfall bekommt? Muss sie dann ihren Vater pflegen? Muss sie ihn nach Frankfurt nehmen? Oder gar wieder zurück in ihr Elternhaus ziehen, damit ihr Vater in einer gewohnten Umgebung bleiben kann? Sie weiß: Auch wenn immer von gleichen Rechten und Pflichten für Männer und Frauen geredet wird, das wird an ihr hängen bleiben. Nicht bei ihrem Bruder. Sie könnte zwar ihre Arbeitszeit reduzieren oder vorübergehend aussetzen, aber was ist dann mit ihrer Rente? Sie hat schon Zeit verloren als sie wegen der beiden Kinder im Erziehungsurlaub war.

Sorgen macht sich auch Kurt. Seine Mutter wird langsam dement, soviel steht fest. Er kann sie nur selten besuchen, weil sie zu weit weg wohnt, aber bei diesen wenigen Malen hat er in den vergangenen Monaten festgestellt: Mutter ist nicht mehr sattelfest, nicht mehr so wie früher. Sie vergisst Dinge, ist unkonzentriert. Zwar meistert sie noch ihren Alltag mit Bravour, aber wie lange kann das noch so gehen? Kurt hat die befreundete Nachbarin gebeten, ab und an mal nach Mutter zu sehen und ihn auf dem Laufenden zu halten. Was passiert aber, wenn sich Mutters Zustand verschlimmert? Wenn sie ihr Leben nicht mehr auf die Reihe bekommt? In Kurts Vorstellungen überschlagen sich die Horrorszenarien. Er sieht seine Mutter schon orientierungslos durch die Stadt laufen. Oder malt sich Haushaltsunfälle aus, die sich durch nicht sachgemäße Bedienung von Haushaltsgeräten ergeben und seine Mutter verletzen könnten. Wäre es nicht besser, sie käme in ein Heim? Aber das ist teuer, dafür reicht vielleicht die Pflegeversicherung nicht. Muss er dann etwas dazu zahlen? Das kann er sich kaum leisten, denn der Unterhalt für seine Exfrau frisst viel von seinem Einkommen als Facharbeiter bei Opel bereits auf. Was nun? Er kann doch seine Mutter nicht einfach allein lassen!

Beide Beispiele sind repräsentativ für viele andere Problemlagen, denen sich Menschen gegenübersehen, die Angehörige haben, die pflegebedürftig werden. Und dabei sind noch nicht einmal die Problemlagen derer berücksichtigt, die selbst in die

Situation kommen, auf Pflege angewiesen zu sein. Die Scham, den Alltag nicht mehr allein bewältigen zu können; anderen zur Last zu fallen, vielleicht sogar den eigenen Angehörigen, und ihre Lebensplanung durcheinander zu werfen. Aber genau das gehörte früher zum Leben dazu. Frauen blieben zuhause und kümmerten sich zuerst um die Kinder und später um die Alten. Aber die Realität heute ist eine andere. Frauen haben eine eigene Lebensplanung, nicht eine aus den häuslichen Pflichten abgeleitete. Sie erheben zu Recht den Anspruch, dass sie nicht allein die Bürde von Kindererziehung und Pflege tragen, sondern dass dies partnerschaftlich passiert. Sie haben eigene berufliche Perspektiven und erwarten zu Recht, dass die Forderung, Beruf und Familie miteinander zu vereinbaren, nicht nur eine Forderung an sie ist. Und Realität ist auch: Die Anzahl von Alleinstehenden steigt. Sei es, weil man sich von vorneherein für den Beruf und gegen eine Familie entschieden hat, sei es, weil Familien gescheitert sind. Tatsache ist aber: Das, was bei vielen Familien früher selbstverständlich war, dass man sich in der Familie um die Alten kümmert, ist es heute längst nicht mehr. Häufig schon allein deshalb, weil die unterschiedlichen Generationen der Familie weit verstreut leben.

Das ist der Befund, und zu dem Befund gehört auch: Wir werden immer älter (zum Glück), aber damit steigt auch die Anzahl der Menschen, die irgendwann einmal auf Pflege angewiesen sein werden. Das Deutsche Krankenhausinstitut hat eine Studie veröffentlicht, in der unter anderem die absehbare Entwicklung bei den Zahlen für ambulante, stationäre und die Pflege in den Krankenhäusern bis zum Jahr 2030 ermittelt wurde.[30] Für die ambulante Pflege wurden knapp 49 % mehr Fälle angenommen, bei den stationären 21 % und im Krankenhaus fast 20 %. Das würde auch einen Mehrbedarf an Personal nach sich ziehen. Auch den hat das Institut geschätzt und kam dabei auf 72 % mehr Personal im ambulanten Bereich, 52 % im stationären Bereich und 62 % in den Krankenhäusern. Selbst wenn die Zahlen am Ende variieren, die Richtung ist klar: Es wird mehr Pflegefälle geben und wir brauchen erheblich mehr Personal. Und natürlich auch viel Geld, denn Pflege kostet.

Dieser Befund lag schon der Einführung der Pflegeversicherung 1995 zugrunde. Die Pflegeversicherung war damals eine sozialpolitische Revolution, wohl in ihrer Bedeutung und Reichweite nur vergleichbar mit der Einführung der dynamischen Rente 1957. Die große Streitfrage war damals: Soll eine Pflegeversicherung steuerfinanziert sein, eine Sozialversicherung sein oder eine Privatversicherung? Gegen große Widerstände hat Norbert Blüm damals eine soziale Pflegeversicherung im Umlageverfahren durchgesetzt; sie ist die fünfte Säule der Sozialversicherung neben der Krankenversicherung, der Rentenversicherung, der Arbeitslosenversicherung und der Unfallversicherung.

In der Pflegeversicherung sind einige Grundsätze niedergelegt, die wichtig sind. Der erste Grundsatz ist: Pflege ist eine gesamtgesellschaftliche Aufgabe. Das bedeutet, dass die Pflege als Aufgabe in die Mitte unserer Gesellschaft gehört, nicht an den Rand. Es ist also nicht nur eine Aufgabe für diejenigen, die in der Pflegeversicherung versichert sind oder im Pflegebereich arbeiten. Unsere Verantwortung geht weit darüber hinaus. Die Art und Weise, wie wir mit pflegebedürftigen Menschen umgehen, sagt etwas über die Empathie und die Solidarität unserer Gesellschaft aus. Deswegen ist es eine gesamtgesellschaftliche Aufgabe.

Ein zweiter wichtiger Grundsatz ist: Rehabilitation hat Vorrang vor der Pflege. Pflege ist also der Rehabilitation nachgeordnet. Erst, wenn es nicht mehr anders geht, greift die Pflegeversicherung. Eigentlich eine Selbstverständlichkeit, denn wir wollen, dass Menschen so lange wie möglich am gesellschaftlichen Leben teilnehmen. Und ein dritter wichtiger Grundsatz ist der Vorrang der häuslichen Pflege. Familie ist immer noch der erste und zentrale Bezugspunkt für viele Menschen. Wenn sich Pflege in der Familie organisieren lässt, umso besser. Und darüber hinaus: Selbst da, wo Familie nicht einspringen kann, ist es wichtig, Menschen so lange wie möglich in ihrem häuslichen Umfeld zu belassen. Das ist bekannt, vertraut; eine Verlegung in eine stationäre Einrichtung ist Stress, kann von Ängsten und Unsicherheiten begleitet sein und ist häufig gerade für die Menschen, die auf Pflege angewiesen sind, eine zusätzliche Belastung.

Die Pflegeversicherung mit ihren Prinzipien war für viele Menschen ein Segen. Sie hat die Bedingungen der Pflege deutlich verbessert, mehr Transparenz und Rationalität in den Pflegeprozess gebracht und die Finanzierung an das Kriterium einer leistungsgerechten Vergütung gekoppelt. Aber wir sehen immer mehr: es gibt noch einiges zu tun, trotz der wichtigen Gesetze, mit denen zwischenzeitlich nachgesteuert worden ist.

Der erste Bereich betrifft die häusliche Pflege. Etwa ¾ aller Menschen, die gepflegt werden, erfahren dies zu Hause, meist von pflegenden Angehörigen. Sie sind der größte Pflegedienst Deutschlands. Es sind meistens Frauen, denen diese Aufgabe zufällt; und sie stehen allzu häufig vor der Schwierigkeit, Pflege und Beruf miteinander zu vereinbaren. Zwar kann man sich von seinem Arbeitgeber mit vollem Rückkehrrecht für sechs Monate beurlauben lassen oder im Rahmen der Familienpflegezeit bis zu 24 Monaten eine Teilfreistellung erhalten. Der Pferdefuß ist jedoch: Das gilt erst ab einer bestimmten Betriebsgröße und kommt deshalb für viele schon allein deshalb nicht in Frage. Anders hingegen die Frage der Elternzeit: Hier gibt es keine Begrenzungen auf Unternehmen ab einer bestimmten Betriebsgröße. Deswegen ist eine erste Forderung: Pflegezeiten müssen ebenso behandelt werden wie Erziehungszeiten. Das Leben am Anfang ist uns ebenso wichtig wie das Leben am Ende. Pflegen muss ebenso behandelt werden wie Kinderbetreuung: sowohl was die Anrechnung auf die Rente angeht wie die Möglichkeit einer Lohnersatzleistung. Niemand sollte gezwungen sein, seine Arbeitsstelle aufzugeben, um seine Eltern zu pflegen. Niemand sollte gezwungen sein, seine Eltern in eine stationäre Pflege zu geben, nur weil sich häusliche Pflege und berufliche Lebenswirklichkeit nicht miteinander vereinbaren lassen. Davon profitiert ja letztlich auch die Pflegeversicherung, denn die Kosten einer Pflege in einer stationären Einrichtung sind ungleich höher als in der häuslichen Pflege. Es gilt also, mehr Familiengerechtigkeit in der sozialen Pflegeversicherung wirksam werden zu lassen.[31]

Der zweite Bereich betrifft die Frage der Kosten der Pflege. Das ist ein sensibles Thema. Alle sind der Meinung, dass Pflegekräfte zu wenig bezahlt werden, die Alternative aber, die Beiträge zur Pflegeversicherung zu erhöhen, erfreut auch kaum jemanden; ebenso wenig die Aussicht, dass Kinder für die Kosten der Pflege ihrer Eltern mit einspringen müssen. Allerdings hat dies der Gesetzgeber auf Einkommen ab einer bestimmten Höhe begrenzt. Deshalb wird Kurt wohl nicht für die Kosten der Pflege seiner

Mutter herangezogen werden; die Grenze liegt bei 100.000 Euro Jahreseinkommen für einen Alleinstehenden.

Die Pflegeversicherung ist keine Bedarfsdeckungsversicherung, sondern eine Grundversorgung. Die pflegerischen Leistungen sind dabei durch einen Pauschalbetrag gedeckelt. Die erste Forderung lautet: Die Pflegeleistungen sollten voll abgedeckt werden durch die Pflegeversicherung. Deswegen müssen die Pauschalbeträge dynamisiert werden. Sie müssen in jedem Fall die reinen Pflegekosten decken, und zwar unter Bedingungen auch steigender Löhne für das Pflegepersonal. Darüber hinaus ist es sinnvoll, die medizinische Behandlungspflege nicht mehr über die Pflegeversicherung abzurechnen, sondern über die Krankenkassen. Das führt zu einer deutlichen Reduzierung des Eigenanteils der Pflegebedürftigen in den Pflegeheimen.

In der Pflege im Heim werden die Unterbringung und Verpflegung nicht von der Pflegeversicherung bezahlt, sondern müssen privat aufgebracht werden. Das ist auch in Ordnung, ein gewisser Eigenanteil erscheint sinnvoll. So war die Pflegeversicherung auch von Anfang an angelegt. Nicht sinnvoll erscheint aber, die zu Pflegenden noch an den Investitionskosten der Pflegeheime zu beteiligen. Wenn Pflege eine gesamtgesellschaftliche Aufgabe ist, dann müssen die Investitionskosten durch Steuergelder abgedeckt werden.

Ein dritter Bereich betrifft die Bezahlung des Pflegepersonals. Die ist nach Meinung vieler Beobachter nicht ausreichend; einige Pflegeunternehmen haben Tarifverträge, andere nicht. Deswegen war es richtig, dass der Bundestag 2019 beschlossen hat, die Allgemeinverbindlichkeit von Tarifverträgen in der Pflege zu erleichtern. Das so genannte Pflegelöhneverbesserungsgesetz war ein erster Schritt, der von den Tarifpartnern ausgefüllt werden muss; weitere Schritte müssen aber folgen. Darüber hinaus – das liegt allerdings an den Tarifpartnern – wäre es sinnvoll, Maßnahmen zu vereinbaren, die es Pflegekräften erleichtern, auch länger im Beruf zu bleiben. Pflege ist ein körperlich anstrengender Beruf und führt zu frühen Verschleißerscheinungen. Deswegen müssen alle technischen und gesundheitspräventiven Maßnahmen genutzt werden, die Belastungen aus der Pflege für das Personal selbst zu reduzieren.

Das alles reicht aber nicht aus, um den sich abzeichnenden Mehrbedarf finanzieller Art dauerhaft abbilden zu können. Einer der Konstruktionsfehler der Pflegeversicherung war, dass sie an die Krankenversicherungspflicht angekoppelt ist. Selbständige, Beamte, Gutverdiener: Sie alle unterliegen nicht der Pflicht, in die gesetzliche Pflegeversicherung einzubezahlen, weil sie auch nicht verpflichtet sind, in die gesetzliche Krankenversicherung einzubezahlen. Sie müssen aber eine private Kranken- und Pflegeversicherung abschließen. Diese Doppelung von Strukturen erschließt sich nicht; daraus entstehen zwei Klassen von Berechtigten. Pflegeleistungen sind in der Grundversorgung gleich. Krankenversicherungsleistungen unterscheiden sich auch grundsätzlich nicht etwa bei der Frage, wie ein Blinddarm operiert wird. Da sind gesetzliche und private Leistungen gleich. Langfristig ist es deshalb sinnvoll, Kranken- und Pflegeversicherung in einer Bürgerversicherung zusammen zu führen, in die alle einbezogen werden. Private Versicherungen decken nur noch zusätzliche Leistungen ab. Die Beitragsbemessungsgrenzen werden ausgeweitet. Sinnvoll kann auch sein, andere Einkommensarten ab einer gewissen Höhe sozialversicherungspflichtig zu machen. Das würde die Aussage, Pflege sei eine gesamtgesellschaftliche Aufgabe, auch deutlich unterstreichen.

Pflege hat etwas mit der Würde des Menschen zu tun, und die unterscheidet nicht zwischen gesetzlich und privat. Die Zuwendung zu den Pflegebedürftigen darf nicht vom Geldbeutel abhängen. Sie ist eben eine gesamtgesellschaftliche Aufgabe, schon aus einem christlichen Verständnis heraus. Eine Pflegeversicherung kann vieles auffangen, aber nicht die Abwesenheit familiärer Strukturen. Deswegen ist vor jeder Debatte über Pflege immer festzuhalten: Familien sind der wichtigste Baustein der Gesellschaft. Wir sind keine Gesellschaft von Ichlingen, auch wenn das manch einer gerne hätte.

Sondern wir sind in vielfältiger Weise in soziale Beziehungen eingebettet, und die wichtigste soziale Struktur ist die Familie. Deswegen ist eine aktive Familienpolitik in mancherlei Hinsicht Voraussetzung für eine gute Pflege im Alter – und dabei wird Familie nicht als Abstammungsgemeinschaft verstanden, sondern als soziale Gemeinschaft. Freilich ist auch richtig: Familien können nicht mehr überall selbstverständlich vorausgesetzt werden, sei es durch eigene Entscheidung oder durch eine örtliche Trennung wegen der Anforderungen des Arbeitsmarkts. Aber selbst dann, wenn die Familie als Ort der Pflege nicht in Frage kommt wie etwa bei Heidi und Kurt: Es ist wichtig, dass Strukturen vorhanden sind, die die Familien unterstützen. Und für die Pflegebedürftigen selbst ist es wichtig, sich der Zuwendung der Familie zu erfreuen, ohne befürchten zu müssen, die Familie zu überfordern. Auch das gebietet die Würde des Menschen.

9. Wohnen und Eigentum

Es ist mal wieder soweit, denkt sich Sebastian aus Frankfurt. Vor dreißig Jahren hatte er im Studium in München ähnliches erlebt, als er ein Zimmer gesucht hat: Wochenlang nichts gefunden, bei Besichtigungsterminen standen bis zu 200 Interessenten im Hausflur. Man hatte sich noch nachts auf die druckfrischen Zeitungen gestürzt und die Immobilienanzeigen studiert. Nicht jeder Vermieter war über einen Anruf vor dem Frühstück beglückt, aber schließlich, nach vielen Wochen auf den Sofas von Freunden, hatte es geklappt. Andere hatten in Zelten übernachten müssen; je näher der Winter kam, umso unerfreulicher wurde das. Nun also wieder eine ähnliche Lage. Nur jetzt ist er Oberstudienrat, frisch geschieden, auf der Suche nach einer kleinen Wohnung, die zu seinem deutlich reduzierten Geldbeutel passt. Bei den Besichtigungsterminen kommt er mit anderen Interessenten ins Gespräch: Polizisten, die widerwillig einer Versetzung nach Frankfurt zugestimmt hatten, Künstler, kleine Selbständige, Erzieher – alles dabei. Mietpreise meist um die 15 Euro den Quadratmeter. Das muss man sich leisten können, sagt sich Sebastian. Für eine geförderte Wohnung kommt er nicht in Betracht. Er verdient zu viel, und da sind die Unterhaltszahlungen an seine Frau und die beiden Kinder sein Problem.

Bettina und Christof haben dieses Problem nicht. Sie haben eine große Wohnung in Frankfurt, sind beide berufstätig und liegen mit ihrem Einkommen zusammen über einhunderttausend Euro im Jahr. Sie sind nach allen geltenden Maßstäben reich, obwohl sie immer dachten, Reichtum fühle sich anders an. Sie haben ein kleines Kind und wollen die Familie noch vergrößern. Ein kleines Häuschen mit Garten wäre ideal. Selbst wenn es nur ein Reihenhäuschen ist. Doch der Blick in die Immobilienanzeigen frustriert beide immer wieder. Alles, was in Frage käme, ist ab einer dreiviertel Million Euro zu haben. Das ist außerhalb des Budgets, zumal beide nicht aus reichen Elternhäusern stammen und nur wenig Eigenkapital angespart haben. Eigentumswohnungen bedienen hauptsächlich das Luxussegment und sind noch teurer. Die Alternative ist, aus der Stadt weg zu ziehen. Aber das war eben gerade immer ein Argument für die Stadt: Man braucht kein Auto, hat alles in unmittelbarer Nähe, kann mit den Öffentlichen fahren – das ist für beide wichtig. Nun doch die Wetterau, dazu zwei Autos? Oder in der bestehenden Mietwohnung bleiben, etwas beengter leben und das Risiko eingehen, dass die Miete permanent steigt?

Diese geschilderten Fälle sind keine Einzelfälle. Während in ländlichen Räumen die Mieten häufig niedrig sind und Eigentumserwerb erheblich leichter ist, ist Wohnraummangel politisches Dauerthema vor allem in Ballungsräumen. Ich selbst bin an der Mosel aufgewachsen, in einer landschaftlich wunderschönen Gegend. Die Quadratmetermiete liegt dort heute bei fünf bis sechs Euro; in Frankfurt beträgt sie das Dreifache. Die Kaufpreise für Bestandsimmobilien liegen bei unter eintausend Euro den Quadratmeter, in Frankfurt ist es mindestens das fünffache. In anderen Ballungsräumen sieht es ähnlich aus: Ein deutliches Gefälle von Stadt und Land, das mit der im Grundgesetz gewünschten Einheitlichkeit der Lebensverhältnisse wenig zu tun hat. Denn in vielen Bereichen sind die Entlohnungen über Tarifverträge vergleichbar. Ein Lehrer oder Richter (also ein Angehöriger des öffentlichen Diensts) hat in Frankfurt und an der Mosel in etwa das gleiche Geld. Haare schneiden ist in der Stadt zwar teurer, aber nicht um den gleichen Faktor wie Miete oder Eigentumserwerb. Die Stadt, so scheint es, muss man sich leisten können.

Das sind zwei miteinander verbundene Komplexe, die auf ähnliche, aber nicht die gleichen Strukturprobleme zurück gehen. Wohnen – und damit erschwingliche Mieten – sind vor allem für diejenigen ein Problem, die zu viel Geld für einen Wohnberechtigungsschein verdienen und damit kein Anrecht auf eine Sozialwohnung haben, aber gleichzeitig zu wenig, um sich marktübliche Mieten leisten zu können. Das betrifft vor allem die unverzichtbaren Leistungsträger in einer Stadt: Von den sozialen Diensten angefangen bis hin zu Lehrern, von Rettungsdiensten bis zu den Facharbeitern. Die Konsequenz ist, gerade in Ballungsräumen, eine hohe Zahl von Einpendlern, die zum Teil lange Wege in Kauf nehmen, damit aber zu einer erheblichen Verkehrsbelastung beitragen. Was kann man tun?

Ein Lösungsansatz setzt an den Symptomen an. Die Pendlerpauschale ist eine solche Lösung. Sie bietet über die steuerliche Absetzbarkeit von Fahrten zur Arbeitsstelle Anreize, sich außerhalb der Ballungsräume niederzulassen. Wird dies noch begleitet durch einen attraktiven Ausbau der Infrastruktur des Öffentlichen Personennahverkehrs, ist dies sicherlich für viele Arbeitnehmerinnen und Arbeitnehmer eine attraktive Alternative, zumal dann, wenn sich die Praxis, aus dem Homeoffice arbeiten zu können, weiter durchsetzt. Das Argument, die Pendlerpauschale leiste der Zersiedlung des ländlichen Raumes Vorschub, ist dabei richtig. Die Alternative wäre aber ein noch stärkerer Druck auf die Wohnungsmärkte der Ballungsräume. Solange die Arbeitsplätze sich vorrangig in Ballungsräumen befinden, ist die Entzerrung von Arbeit und Wohnen durch Pendlerpauschale, Förderung des ÖPNV und eine verstärkte Nutzung von Homeofficestrukturen ein Lösungsansatz, freilich einer, der nicht an die Wurzel des Problems heran reicht.

In Ballungsräumen sind augenblicklich zwei Dinge knapp: Zum einen öffentlich geförderter Wohnraum, zum anderen Bauland. Die öffentliche Förderung von Wohnraum ist in den letzten Jahren erheblich nach oben gegangen. Allerdings ist die Lücke zwischen vorhandenem und benötigtem Wohnraum groß, sei es, weil über viele Jahre die Förderprogramme vernachlässigt worden sind, sei es, weil Kommunen ihren Wohnungsbestand verkauft haben. Das galt eine Zeitlang mal als besonders geschicktes Manöver zur Sanierung des Haushalts. Noch im Jahr 2018 hat das Institut der deutschen Wirtschaft den Kommunen den Verkauf ihrer Wohnungsunternehmen angeraten[32] – für die kommunalen Finanzen sicherlich von Vorteil, für die davon betroffenen Menschen eine Katastrophe. Das zeigt, wie sehr ökonomisches Denken an den Interessen der Menschen und am Gemeinwohl vorbei geht.

Mit der Neuaufteilung der Kompetenzen zwischen Bund und Ländern aus dem Jahr 2006 hatte der Bund die Kompetenzen für die soziale Wohnungsbauförderung an die Länder abgegeben und im Gegenzug für den Zeitraum von 2007 bis 2019 eine Finanzhilfe von zunächst etwa mehr als 500 Millionen Euro vorgesehen. Ab 2020 wird diese, zunächst bis 2024, auf eine Milliarde Euro erhöht. Bund, Länder und Kommunen haben darüber hinaus beim Wohngipfel 2018 eine gemeinsame Wohnrauminitiative verabschiedet, um den Wohnungsbau zu intensivieren und die Bezahlbarkeit von Wohnraum sicher zu stellen.[33] Das Problem ist also erkannt und wird angegangen – freilich lassen sich jahrelange Versäumnisse nicht von heute auf morgen beheben, sondern erfordern einige Zeit.

Das zweite Problem ist gravierender, es betrifft Grundfragen des Bodeneigentums und die Frage, wem die Stadt letztendlich gehört. Boden ist ein knappes, nicht vermehrbares Gut. Es ist überdies ein Gut, dass sich wie kaum ein anderes zu spekulativen Zwecken eignet. Seit 1962 sind im bundesweiten Durchschnitt die Bodenpreise für Bauland um 2.308 Prozent gestiegen; in München seit 1950 sogar um fast 40.000 Prozent.[34] Boden ist also einer der entscheidenden Faktoren in der Verteuerung des Wohnens in der Stadt. Diese Tendenz verschärft sich noch mit der Niedrigzinspolitik. Geldanlage in Immobilien wird attraktiv, auch und vor allem für institutionelle Investoren. Wohin diese Entwicklung führt, kann man an Großstädten wie Toronto oder Vancouver beobachten: in vielen Wohnhochhäusern stehen Wohnungen leer, weil sie als reine Anlage betrachtet werden, mit der durch Spekulation, nicht aber durch Vermietung Profit generiert wird. Auch aus Frankfurt am Main und Berlin werden solche

Fälle berichtet. Der Kaufpreis einer Immobilie kann ein Vielfaches über den theoretisch erzielbaren Jahresmieteinnahmen liegen – also mit einer marginalen Mietrendite ausgestattet sein. Der Zweck der Investition ist hier nicht Rendite über Vermietung, sondern über den Wiederverkauf.

Was kann man dagegen tun? Die zusätzliche Besteuerung von ausländischen Investoren scheint nur begrenzt zu helfen. Viele Länder haben ein Verbot oder eine Einschränkung für ausländische Investoren, Eigentum zu erwerben, so etwa Dänemark, oder sie verbinden den Erwerb von Immobilien mit Wohnsitzauflagen.[35] Es ist zwar richtig, dass ausländische Investoren und Einheimische eher in unterschiedliche Segmente investieren (Luxuswohnungen versus Wohnungen für den Mittelstand), doch konkurrieren sie um dasselbe knappe Bauland, was wiederum preistreibend ist. Tatsächlich scheinen Beschränkungen des Eigentumserwerbs zu helfen; es ist auch argumentativ schwer zu begründen, warum Einheimische und der Wunsch, in der Stadt leben zu wollen, nicht Vorrang haben sollen gegenüber spekulativen Anlageinteressen russischer, chinesischer oder arabischer Investoren, die überdies keineswegs beabsichtigen, die gekauften Immobilien auch zu bewohnen und sie mitunter auch gar nicht dem Markt zuführen. Die Stadt gehört den Einwohnern, nicht den Spekulanten.

Ein zweites Argument kommt hinzu. Auch für

inländische Investoren, für die beispielsweise Immobilienbesitz Teil einer Alterssicherung sein soll, lohnt sich häufig eine solche Investition im Wettbewerb mit institutionellen Investoren nicht mehr. Ordnungspolitisch muss es also darum gehen, den Markt für institutionelle Investoren zu verschließen bzw. unattraktiv zu machen, gleichzeitig aber individuelle Investoren nicht auszuschließen, für die Immobilien ein Teil der Alterssicherung oder der Vermögensanlage sind. Nun ist sicherlich richtig: Bei vielen institutionellen Investoren spielt eine Rolle, dass sie die Interessen ihrer Anleger vertreten, die das Geld zur Sicherung einer verlässlichen Alterssicherung angelegt haben. Das betrifft viele große Pensionsfonds, auch aus den USA. Nur scheint die Frage legitim, ob hier nicht der Wunsch nach hoher Rendite für die Alterssicherung mit dem Wunsch nach erschwinglichem Wohnraum kollidiert. Eine jegliche Regierung ist aber zunächst einmal dem eigenen Volk und weniger den Interessen ausländischer Anleger verpflichtet. Deshalb scheint eine Regulierung hier nicht nur möglich, sondern auch geboten.

Die Mietpreisbremse, die vor einigen Jahren beschlossen wurde, ist hierzu kein geeignetes Mittel. Sie gilt nur für Bestandsimmobilien, nicht jedoch für Neubauten. Nach einer ersten Einschätzung hat die Mietpreisbremse zwar – trotz aller Umgehungsmöglichkeiten – die Dynamik der Mietpreisentwicklung gedämpft, aber gleichzeitig Anreize für neue Bauvorhaben bewirkt.[36] Das bedeutet: Es wird weiterhin in den hochpreisigen Segmenten investiert. Das führt zum Wettbewerb um das zur Verfügung stehende Bauland. Und der ist nicht selten ein Verdrängungswettbewerb zu Lasten privater Kleininvestoren.

Dies könnte man mit Marktmechanismen regeln: der Anbieter, der den höchsten Preis bietet, bekommt den Zuschlag. Freilich würde man dann den Wohnungsmarkt wie jeden anderen Markt behandeln, bei dem Angebot und Nachfrage die Preise bestimmen. Was nämlich auf dem Markt gehandelt wird ist eine Ware, deren Wert nicht zuletzt durch die öffentliche Hand beeinflusst wird. Zunächst muss die öffentliche Hand ein Grundstück zum Bauland erklären. Dann gibt es einen Bebauungsplan, der die Möglichkeiten der Verwertung genauer bestimmt, und zuletzt entscheidet die öffentliche Infrastruktur mit über den Wert eines Grundstücks. Ist eine Haltestation des Öffentlichen Personennahverkehrs in der Nähe, gar eine U-Bahnstation? Wie weit entfernt liegen Schulen und Kinderbetreuungseinrichtungen? Gibt es sonstige Infrastruktur, etwa ein Schwimmbad oder einen Sportplatz? Wertsteigerungen sind also wesentlich mit der Tätigkeit der öffentlichen Hand verbunden, erst nachrangig mit Angebot und Nachfrage. Deswegen wäre es nur fair, wenn der öffentlichen Hand die Gelegenheit gegeben wird, solche leistungslosen Wertsteigerungen abschöpfen zu können. Zweitens ist der Wohnungsmarkt deshalb kein üblicher Markt, weil es ein Grundrecht auf Wohnen gibt – es gibt sicherlich kein Grundrecht auf Wohnen im Prenzlauer Berg oder im Frankfurter Westend, aber da Bauland nicht beliebig vermehrbar ist, muss Wohnungspolitik für einen fairen Interessenausgleich sorgen. Spekulation kann aber nicht gleichgewichtig zum Recht auf Wohnen angesetzt werden. Hier haben, gerade in Ballungsräumen, die Kommunen eine besondere Verantwortung. Deswegen wäre es erstens sinnvoll, Grundstücke in Ballungsräumen nicht mehr zu verkaufen, sondern nur noch in Erbpacht zu vergeben. Damit entfiele eine Spekulation auf den Boden. Zweitens müssten Kommunen ein Vorkaufsrecht in allen Grundstücksangelegenheiten eingeräumt bekommen; eine Veräußerung von Grundstücken unter Privaten müsste in Ballungsräumen unter dem Vorbehalt stehen, dass die Kommune ihr Vorkaufsrecht nicht ausübt. Drittens müssten die Kommunen dafür Sorge tragen, ausländische Investoren oder institutionelle Investoren nicht zum Zuge kommen zu lassen. Die Stadt gehört den Menschen, die in ihr wohnen oder in ihr wohnen wollen. Sie ist keine Spielwiese für Spekulation und überhöhte Renditeerwartungen von institutionellen Anlegern. Viertens müssten Baugrundstücke überwiegend für den öffentlichen Wohnungsbau oder den genossenschaftlichen Wohnungsbau ausgewiesen werden. Darüber hinaus muss sichergestellt werden, dass Eigentum (entweder als Wohnung oder als Haus) entweder selbst genutzt wird oder dem Markt zugeführt wird. Fünftens erscheint es geboten, frühzeitig Instrumente der Enteignung zu nutzen, wenn entweder Grundstücke nicht bebaut werden oder Immobilien nicht vermietet werden; die Enteignung müsste zum Verkehrswert, nicht aber zum Marktwert erfolgen. Sechstens muss das Land als Planungsbehörde die Möglichkeit haben, Kommunen notfalls zur Ausweisung von Baugebieten zwingen zu können; die häufig geübte Praxis in Kommunen, Bauland aus regionalen Flächennutzungsplänen nicht durch einen Bebauungsplan zu konkretisieren, ist eine wesentliche Ursache des Wohnraummangels in Ballungszentren. Schließlich muss siebtens der Bund die bundeseigenen Immobilien nicht dem Höchstbietenden verkaufen, sondern den Kommunen zum Verkehrswert anbieten; damit kann sichergestellt werden, dass der Bund in überhitzten Märkten durch eigenes Verkaufsverhalten nicht zu einer zusätzlichen Überhitzung beiträgt.

Wenn also Wirtschaftsliberale sagen: Gegen die Wohnungsnot hilft nur eines, nämlich: Bauen, bauen, bauen!, dann ist das ebenso zynisch und falsch wie die Aussage, gegen den Hunger in der Welt helfe nur: Essen, essen, essen! Es kommt nämlich auf die Bedingungen an, und die heutigen Bedingungen haben mit Gemeinwohl wenig zu tun. Wohnen ist ein Menschenrecht, wie es auch die Eigentumsbildung ist. Spekulation mit Boden oder mit Immobilien ist kein Menschenrecht. Wenn sich diese Erkenntnis durchsetzt und entsprechend gesetzgeberisch flankiert wird, dürfte sich auch der Wohnungsmarkt für Sebastian, Bettina und Christof wieder etwas entspannen.

10. Endlich wachsen?

Die griechische Sagenwelt enthält eine wunderbare Erzählung über den Titanensohn Prometheus. Er hatte den Menschen das Feuer aus dem Olymp gebracht, gegen den Willen des Göttervaters Zeus. Dafür war er von Zeus hart bestraft worden: An den Berg Tartaros gekettet fraß ihm jeden Tag ein Adler seine Leber aus dem Leib – die dann wieder nachwuchs –, bis er von Herakles befreit wurde. Der Zorn des Zeus aber blieb. Zur Strafe für die Menschen schickte Zeus die von Hephaistos aus Ton geschaffene Pandora auf die Erde. Dieses Kunstwesen Pandora brachte eine Büchse mit, die alles Unheil dieser Welt enthielt. Sie öffnete die Büchse, und das Unheil kam über die Welt. Ganz auf dem Grund der Büchse aber befand sich die Hoffnung. Bevor diese ebenfalls in die Welt kommen konnte, schloss allerdings Pandora ihre Büchse wieder.

Es gehört nicht viel Fantasie dazu, diese Sage auf unsere moderne Zeit zu übertragen. Da ist zunächst der Göttersohn Prometheus, der uns das Feuer als reine Energie brachte. Energie ist heute der Schlüssel zu unserer modernen Welt: Der Mensch lässt die

Energie für sich arbeiten. Sie erleichtert sein Leben, ermöglicht Mobilität, und sie tut das zumeist in Form der Umwandlung fossiler Energie. Das Feuer des Prometheus hält unser Leben in Bewegung. Das Feuer des Prometheus steht auch für unsere moderne naturwissenschaftlich geprägte Welt: Sie hat uns das Leben vereinfacht und dazu beigetragen, Not, Armut, Krankheiten, Hunger und Elend zu beseitigen. Mit den modernen Wissenschaften und der Erschließung der Welt durch methodische Erkenntnis kam aber auch wirtschaftliches Wachstum, die Ausdehnung unserer ökonomischen Möglichkeiten. Und diese sind durchaus zweischneidig. Diese Expansion unserer ökonomischen und wissenschaftlichen Möglichkeiten hat uns in eine Situation geführt, in der wir alles Erreichte auch in Frage stellen, in der wir zunehmend auch trotz allem Komfort (in den reichen, den so genannten entwickelten Gesellschaften) zunehmende Unbehaglichkeiten verspüren. Diese Unbehaglichkeit hat damit zu tun, dass wir spüren und wissen: Der Fortschritt hat einen Preis, er richtet auch Schäden an. Wie sieht sie aus, unsere Schadensbilanz?

Da ist zunächst die Veränderung des globalen Klimas. Klimaforscher warnen vor einer weiteren Erhöhung der globalen Durchschnittstemperatur. Die von Menschen gemachte globale Erwärmung führt schon heute zu einer Zunahme extremer Wetterphänomene. Insofern erleben wir schon jetzt den möglichen Schatten einer unerfreulichen Zukunft. Sie führt langfristig dazu, dass Landschaften und Inseln im Meer versinken, dass Wirtschaftszonen veröden, unfruchtbar werden; dass Ozeane versauern, die Regenwälder zurück gehen, die Polkappen schmelzen, die biologische Artenvielfalt rasant abnimmt. All das sind keine natürlichen Klimaschwankungen, sondern von Menschen gemachte. Der Nobelpreisträger Paul Crutzen spricht deshalb auch vom Zeitalter des Anthropozän, in dem wir leben: Der Mensch beeinflusst das Klimageschehen. Er gestaltet nicht nur die Natur um, sondern auch das Klima.[37]

Mit der Beeinflussung des Klimageschehens nehmen auch die Konflikte zu, die auf die Veränderung von klimatischen Bedingungen zurückzuführen sind. Sicherlich, Konflikte um Ressourcen hat es schon immer gegeben. Aber dass Millionen Menschen aus ihrer Heimat abwandern, weil sich Vegetationszonen verschieben, Böden degradieren, Wassermangel auftritt, Überflutungen zunehmen und den Lebensraum zerstören: Das sind neue Entwicklungen, die das 21. Jahrhundert stark prägen werden. Der Sozialpsychologe Harald Welzer prophezeit, dass der Klimawandel die größte soziale Herausforderung der Moderne sein werde, »weil er die Überlebenschancen von Millionen Menschen gefährdet und diese zu Massenmigrationen zwingt.«[38] Welzer beschreibt eine verhängnisvolle Kausalkette: Klimawandel führt zu knapper werdenden Ressourcen. Dies allein kann schon zu Migration führen, aber ebenso häufig zu Kriegen, die dann erst recht zu Migrationen führen. Wanderungen aufgrund von Kriegen und Verschlechterung von Umweltbedingungen durch den Klimawandel werden sich nicht mehr fein säuberlich trennen lassen. Schätzungen sprechen von einer klimabedingten Migration von 200 Millionen Menschen im 21. Jahrhundert. Diese Zahl scheint eher noch zu niedrig angesetzt, denn in den letzten Jahren haben sich die ersten Auswirkungen schon deutlich gezeigt.

Hinzu kommen die von Menschen gemachten Katastrophen: Chemieunfälle, nukleare Katastrophen, die ganze Regionen unbewohnbar machen, die Zerstörung von Lebensräumen durch Ölförderung oder Giftmüll. Nicht nur der Kampf der Kulturen wird das 21. Jahrhundert bestimmen, wie es Samuel Huntington vorhergesagt hat. Wir werden im 21. Jahrhundert auch Zeuge von Kämpfen um ökologisch lebenswerte Regionen werden, in denen Menschen (über)leben können. Die dramatischsten Klimaveränderungen werden vorrangig in den armen Ländern des Südens stattfinden. Zu der sozialen Schieflage dort kommt nun die ökologische. Wir sitzen auf der Aussichtsterrasse des Klimawandels, glauben wir zumindest. Extreme Wetterlagen werden uns zwar häufiger heimsuchen, aber die wirklichen Verluste finden anderswo statt. Nur selten schlägt bei uns eine Klimafolge so dramatisch durch, wie das in den Ländern des Südens der Fall ist. Wenn es aber trotzdem passiert wie im August 2005, als der Hurrikan »Katrina« New Orleans zerstörte, merken wir, dass es überproportional die Armen trifft. Die Schäden durch den Hurrikan wurden auf insgesamt 600 Milliarden US-Dollar geschätzt. Das ist nur ein Bruchteil dessen, was Experten bis zur Mitte des Jahrhunderts an Schäden durch Naturkatastrophen erwarten: Die gewaltige Summe von 200 Billionen US-Dollar. Wir können davon ausgehen: Wir erleben die dramatischen Klimaveränderungen vielleicht verzögert, aber wir werden nicht davon verschont bleiben. Der Klimawandel trifft uns. Der Klimawandel sind wir.

Naturkatastrophen begleiten die Menschheit von Anbeginn ihrer Existenz. Nun sind wir aber selbst ein Teil in der Kausalkette, die zu diesen Katastrophen führt. Wir können nicht mehr trennscharf unterscheiden zwischen Katastrophen, die »natürlich« vorkommen und solchen, die von Menschen verursacht worden sind. Dafür bezahlen wir langfristig einen sehr hohen Preis. Langfristiges Rechnen mit unseren Beständen ist uns fremd. Die Anreizsysteme in der Wirtschaft sind auf die unmittelbare Wirkung ausgerichtet: Produktzyklen verkürzen sich. Dauerhaftigkeit und Langlebigkeit von Produkten sättigt den Markt. Wirtschaft ist auf die kurze Frist angelegt: Aktienkurse sind die neue

Einheit der Bewertung wirtschaftlichen Erfolgs. Nachhaltiges Wirtschaften, das sich an langfristigen Zyklen ausrichtet, findet nur noch in den exotischen Nischen von Familienbetrieben statt. Das Produktions- und Konsumkarussell muss sich immer schneller drehen, Stillstand ist Rückschritt. Betriebswirtschaftliche und volkswirtschaftliche Rationalität fallen immer mehr auseinander. Das führt zu einem System organisierter Unverantwortlichkeit. Die Rationalität auf der Betriebsebene ist der kollektive Selbstmord auf der gesellschaftlichen Ebene. Das ist kein vereinzeltes Phänomen, sondern ein globales.

Aber auch ganz individuell gilt es, eine Schadensbilanz aufzumachen. Eine offene Bestandsaufnahme ergibt: wir fühlen uns allzu oft in unserer Haut nicht mehr wohl.[39] Wir haben zu viel Stress am Arbeitsplatz durch Arbeitsverdichtung, wir leiden unter den Zivilisationskrankheiten von Übergewicht bis Kreislauferkrankungen. Wir nehmen Medikamente, um den Alltag bewältigen zu können: Mittel gegen Kopfschmerzen, Magenbeschwerden, Schlafmittel, Beruhigungsmittel, leistungsverstärkende Mittel, Antidepressiva. Drogen sind ein Thema, ob legale (Alkohol, Nikotin) oder verbotene. Unsere Arbeit wird oft zu einem Zwangskorsett. Wir stehen im Wettbewerb, nicht nur mit der Firma im nächsten Ort, sondern häufig auch global. Der Wettbewerber ist billiger, wir müssen effizienter werden. Der

Markt macht uns kaputt. Es tröstet uns nicht, dass die Ökonomen dann von produktiver Vernichtung sprechen. Arbeit ist uns unter diesen Bedingungen häufig nicht mehr Sinngebung, sondern scheint uns die Seele auszusaugen wie die »Dementoren« in Joanne K. Rowlings berühmten Harry-Potter-Romanen.

Haben wir uns unser Leben so vorgestellt? Ist es wirklich das, was wir am Ende unseres Lebens als ein gelungenes Leben bezeichnen würden? Kein Mensch, so heißt es, hat auf dem Sterbebett je bereut, nicht mehr Zeit im Büro verbracht zu haben. Aber dennoch verhalten wir uns häufig so: Rücksichtslos gegen uns selbst, gegen unsere Familie, gegen unsere Freunde, gegen unsere Umwelt. Am Ende sind wir es, die die Rechnung bezahlen. Die Tretmühle des Berufs, die Zertrümmerung unserer sozialen Beziehungen, die katastrophischen Veränderungen unseres Planeten: All dies ist die Schattenseite einer Ideologie des wirtschaftlichen Wachstums. Und sie macht deutlich: Wachstum bedeutet nicht immer mehr Wohlstand und mehr Lebensqualität, sondern häufig auch Einbußen in der Lebensqualität. Das Wachstum wird teuer erkauft. Wir bezahlen mit unserem Leben dafür – und mit dem Leben anderer.

Das ist die eine Seite unseres Lebens. Aber wollen wir deshalb zurück in die Welt des Mittelalters oder der frühen Neuzeit? Würden wir uns überhaupt zurechtfinden in einer Welt, wie sie vor der Industrialisierung bestanden hat, mit ihren Beschränkungen, Gefährdungen und Zwängen? Hat nicht am Anfang all unseres Fortschritts die Befreiung des Menschen gestanden – die geistige wie die materielle? Die Befreiung aus Unmündigkeit, die Befreiung aus den Mühen und Plagen des Alltags, aus den miserablen Lebensbedingungen?

Dabei hatte es eigentlich einmal gut angefangen. Am Beginn der modernen Naturwissenschaften stand der Wunsch der menschlichen Selbstbehauptung gegen die Kräfte der Natur. Armut, Krankheiten, Seuchen, Missernten, Hungersnöte: All das war nicht gottgegeben, sondern konnte vom Menschen beeinflusst werden. Man musste nur damit beginnen, die Rätsel der Natur aufzudecken. Und richtig, die Fortschritte, die wir in der Medizin gemacht haben, die Erhöhung der Produktivität in der Landwirtschaft, ja insgesamt in der Erklärung, Erschließung und Beeinflussung unserer Umwelt, das ist staunenswert. Wir leben heute (in der nördlichen Hemisphäre zumindest) in einer Welt des Überflusses, in einer Welt, die kaum noch materiellen Mangel mehr kennt. Unsere Lebenserwartung ist rasant angestiegen. Die Kindersterblichkeit, viele Jahrhunderte der Fluch der Familien, geht gegen Null. Viele fürchterliche Krankheiten sind besiegt und haben ihren Schrecken verloren. Die Naturwissenschaften haben uns all dies ermöglicht, wirtschaftliches

Wachstum hat für die Verbreitung von Wohlstand gesorgt: Wir haben mehr, als wir benötigen, und selbst ein nach unserer Definition Armer in unserer Gesellschaft lebt besser als so mancher Wohlhabende vor zwei oder drei Jahrhunderten.

In der Zeit der Aufklärung, die etwa ab 1750 begann, hat man auch daran geglaubt, dass dieser Fortschritt in der Beherrschung der großen Geißeln der Menschheit auch zu einer Veredelung der Menschen selbst führt. Menschliche Niedertracht und Gemeinheit, davon waren die Aufklärer überzeugt, hatte etwas mit Mangel zu tun, mit den Schrecknissen des Kampfes um das bloße Überleben. Wenn der Mensch nicht mehr tagtäglich in diesen Kampf verstrickt sein würde, dann könnte er sich anderen Dingen widmen: Den schönen Dingen des Lebens wie Kunst und Kultur, aber auch der bewussten Lebensgestaltung nach einem sittlichen Prinzip. Das war der Traum der Aufklärung: Die Menschen würden ein erfülltes, ein sinnvolles Leben ohne materielle Not führen; und die Menschheit insgesamt würde sich auf höhere Stufen der Zivilisiertheit erheben können. Der Krieg, eine der großen Geißeln der Menschheit, wäre aus der Welt, weil es keinen Grund mehr für Kriege gäbe. Denn Kriege hängen allzu häufig mit Armut zusammen, mit dem Kampf um Ressourcen; wenn aber alles überreichlich davon vorhanden ist, gibt es für Kriege keinen Grund mehr. Wenn die Zusammenarbeit der Menschen dazu führt, dass es allen bessergeht, dann sind Kriege einfach irrational. Der große Aufklärer Immanuel Kant hat dies in einer einflussreichen Schrift dargelegt, die er mit dem Titel versah: »Zum ewigen Frieden«. Ein solcher ewiger Friede, er erschien den Aufklärern als möglich, mehr noch: Als mit der menschlichen Natur vereinbar.

Wären wir nicht froh, wir hätten noch heute ein so ungebrochen positiv-optimistisches Bild von der Menschheit und ihren Möglichkeiten? Doch ein Blick in die Wirklichkeit genügt schon, die Blütenträume des Paradieses auf Erden zerplatzen zu lassen. Hunger, Elend, Gewalt, Krieg, Ausbeutung, Epidemien: All das gehört nach wie vor zu unserer Realität. Freilich, werden einige sagen, in unserer globalisierten Welt wissen wir heute über die entferntesten Winkel der Welt; das Grauen von dort ist in Echtzeit in unseren Wohnzimmern. Das ist richtig; die modere Kommunikation hat uns alle zu Nachbarn gemacht. Wir wissen heute über die Lage in den entlegensten Ländern der Welt. Krieg in Mali, Naturkatastrophe in Sri Lanka, Hungersnot in einer chinesischen Provinz, all das wird uns nahegebracht. Über Twitter oder Facebook sind wir mit Menschenrechtlern in Saudi-Arabien verbunden, mit Flüchtlingen in Syrien oder Umweltaktivisten in Brasilien. Wir denken häufig global, spenden für die Opfer von natur- oder menschengemachten Katastrophen, wir setzen uns für verfolgte Minderheiten ein. Wir fühlen uns auch als ›Global Citizens‹, als Weltbürger; wir reisen, wir informieren uns, wir haben eine Meinung, wir engagieren uns. All dies lag auch in der Vision der Aufklärung. Aber so richtig fröhlich in die Zukunft blicken wir nicht mehr. Unser Fortschrittsglaube ist zerbrochen, ebenso die naive Hoffnung, es gebe für alle Probleme eine technische Lösung. Wir trauen dem Braten nicht mehr so recht. Dafür haben wir zu viel erlebt, was schiefgegangen ist.

Vielleicht war es der Untergang der Titanic, der das wirkmächtigste Bild des erschütterten Fortschrittsglaubens gestellt hat: Der größte, modernste, schnellste und luxuriöseste von Menschen gebaute Ozeanriese seiner Zeit zerschellt an einem Eisberg, an einer Gefahr, die unter der Wasseroberfläche lauert, und mit ihm zerschellt gleichsam die Illusion der Beherrschbarkeit der Natur. Unsere Gesellschaft strebt immer mehr nach Sicherheit und produziert immer mehr Katastrophen. Die Trennlinien zwischen natürlichen und von Menschen gemachten Katastrophen verschwimmen dabei. Trotz aller alarmistischen Rufe haben wir uns an die Katastrophen des modernen Lebens gewöhnt, sie begleiten unser Leben. Gelegentlich erschaudern wir, wenn sie besonders nahe eingeschlagen sind, aber meist gehen wir schnell wieder zur Tagesordnung über. Wir zählen die Toten und versprechen, dass wir aus dem Schaden gelernt haben. Wir führen neue technische Lösungen ein, verbessern die Sicherungssysteme, schulen das Personal, nur um wenig später an anderer Stelle wieder unvorbereitet erwischt zu werden. In der Zwischenzeit, ätzt der Politikwissenschaftler Ulrich Teusch, ist es nicht fünf vor zwölf, es ist mindestens zwanzig nach drei.[40] Wer über Jahre immer wieder die unmittelbar bevorstehende Katastrophe mit den Worten beschwört, es sei fünf vor zwölf, der muss sich irgendwann sagen lassen: Wir leben bereits in der Katastrophe.

Ist der Befund übertrieben, überzeichnet? Wahr ist: Unsere Vorfahren zu Beginn des 19. Jahrhunderts waren vielen natürlichen Katastrophen noch hilflos ausgesetzt. Einige Missernten, und der Hunger grassierte; Menschen wanderten aus und wurden in heutiger Diktion zu »Wirtschaftsflüchtlingen«. Der Filmemacher Edgar Reitz hat davon in seiner Hunsrücksaga »Die andere Heimat« erzählt. Durch ökonomischen Druck, das Versprechen auf eine bessere Zukunft und gezielte Anwerbung waren hier von 1820 bis in die sechziger Jahre des 19. Jahrhunderts viele tausend Menschen nach Brasilien ausgewandert. Andere Auswanderungsziele der Deutschen waren vor allem die Vereinigten Staaten. Aus dem Gebiet des späteren Deutschen Reiches sind zwischen 1820 und 1870 knapp drei Millionen Menschen ausgewandert. Was in Deutschland noch eine langsame, durch ökonomische Mängel bedingte Abwanderung war, hatte sich in Irland innerhalb weniger Jahre durch eine akute Krise vollzogen: Zwischen 1845 und 1855 wanderte ein Viertel der irischen Bevölkerung aus. Grund waren katastrophale Missernten durch die Kartoffelfäule und eine unfähige britische Regierung, die die Situation noch verschlimmerte; eine weitere Million Menschen verhungerte im Land. Das Schicksal, das heute einige Länder außerhalb Europas durchleiden – es ist auch ein Bestandteil der europäischen Geschichte und nicht so weit aus der Erinnerung getilgt, dass Familiengeschichten nicht noch davon künden könnten.

Heute sind uns in den industrialisierten Staaten diese Schicksalsschläge durch die Widrigkeiten von Ernten erspart. Einer der Zaubersprüche, mit dem wir die materielle Not gebannt haben, war die Beschwörung des Wachstums und des Fortschritts. Wir haben Möglichkeiten gefunden, Ernten zu stabilisieren, die Produktivität der Böden zu steigern. Heute hungert keiner mehr in Europa aus einem Mangel an Lebensmitteln. Die Geißeln, die mit der Armut einhergehen, sind überwunden. Wirtschaftliches Wachstum hat zunächst unsere Lebensqualität und unseren Wohlstand deutlich erhöht. Wer heute beispielsweise den Aufsatz von Friedrich Engels aus dem Jahr 1845 über die Lage der arbeitenden Klasse in England liest, muss konstatieren: Mit der Lage arbeitender Menschen heute hat dies nichts mehr zu tun. Wirtschaftliches Wachstum, Sozialgesetzgebung, Regulierungen der Arbeitswelt und eine stärker ausgeglichene Einkommens- und Vermögensverteilung führen in der Gegenwart zu einem ganz anderen Bild. Wir leben abgesichert, auch was unsere soziale Stellung angeht. Wir leben in großer Freiheit, politisch und was den Ausgang aus selbstverschuldeter Unmündigkeit angeht. Wir haben Chancen und Möglichkeiten; wir haben unser Leben in die eigene Hand genommen oder haben zumindest die Möglichkeit dazu. Gegen Risiken haben wir uns versichert. Wir erleiden nicht mehr so häufig und dramatisch Schiffbruch an den Klippen der Natur wie noch vor 200 Jahren. Wir leben zwar immer noch (oder schon wieder) in einer Risikogesellschaft, aber mit Vollkasko. Zumindest glauben wir das.

Das ist alles nicht selbstverständlich. Aber es führt zu einer sehr zentralen Aussage: Gesellschaften, die einen niedrigen ökonomischen Entwicklungsstand haben, profitieren von Wachstum. Für sie geht Wachstum auch mit einer Steigerung des Wohlstands und der Lebensqualität einher. Wohlstand und ein Mehr an Lebensqualität bleiben nicht auf eine bestimmte Schicht begrenzt, sondern tendenziell profitieren alle davon: Nicht sofort und unmittelbar, aber innerhalb überschaubarer ökonomischer Zyklen. Und irgendwann kommt der Punkt, an dem sich die Gesellschaft auf einem hohen Niveau selbst trägt. Das ist kein anstrengungsloser und auch kein konfliktfreier Weg. Wir wissen aus der Geschichte, dass Wachstum zunächst einmal zu höherer sozialer Ungleichheit führt, bevor es zu Prozessen der Umverteilung kommt.

Der amerikanische Wissenschaftler Simon Kuznets hatte sich mit langfristigen ökonomischen Entwicklungen beschäftigt und festgestellt: In armen Ländern führt Wachstum zunächst zu einer Steigerung der Einkommensungleichheit. Es gibt aber einen Umschlagpunkt; ab dort nimmt diese Ungleichheit wieder ab. Verursacht wird dieser Prozess durch eine Reihe von Faktoren, etwa dem Übergang von agrarisch zu industriell strukturierten Wirtschaftsweisen oder der Zunahme des Bildungsniveaus. Ein ähnlicher Zusammenhang wird neuerdings auch zwischen ökonomischem Wachstum und ökologischen Schäden untersucht. In einer frühen Wachstumsphase nehmen sichtbare ökologische Schäden stark zu, in reicheren Gesellschaften nehmen solche Schäden allerdings wieder ab. Das gilt allerdings nicht für die kumulativen Effekte. Solche Prozesse kann man gegenwärtig bei der rasant wachsenden Volkswirtschaft in China sehr gut beobachten.

Diese Befunde sprechen zunächst einmal gegen eine enge Korrelation von Wachstum auf der einen und Wohlstand und Lebensqualität auf der anderen Seite. Doch hängt vieles davon ab, welche Tauschgeschäfte man macht: Die Verschlechterung der ökologischen Rahmenbedingungen ist vielleicht der puren Existenznot vorzuziehen. Gleichfalls mag richtig sein, dass die relative Einkommensspreizung dann wenig relevant ist, wenn sich für die unteren Schichten das Einkommensniveau über das reine Überlebensniveau erhebt. Wenn ich verhungere, tröstet mich wenig, dass es meinem Nachbarn genauso schlecht geht. Kann ich aber meinen Lebensunterhalt selbst bestreiten, ist es mir zunächst einmal egal, wenn andere erheblich mehr haben. Es kommt also ein wenig auf die Perspektive an.

Ja, argumentieren dann einige, aber mit zunehmendem Wachstum entdecken Menschen auch Fragen der Lebensqualität, der Gerechtigkeit in einer Gesellschaft, Fragen des Umweltschutzes. Das ist richtig, stimmt aber nur zur Hälfte. Denn wirtschaftliches Wachstum hat eine wahrhaft grenzsprengende Eigenschaft: Es richtet Schäden in anderen Teilen der Welt an, die wir nicht im Blick haben. Die Wirtschaftsbeziehungen innerhalb einer Gesellschaft produzieren Schadensbeziehungen, die weit über diese Gesellschaft hinausgehen. Das tun wir indirekt, wenn etwa im Rahmen von Fertigungsketten bei uns zwar wenig ökologischer Schaden entsteht, in anderen Ländern aber schon. Wir tun es direkt etwa durch die Verschmutzung der Atmosphäre. Das ist auch ein Schaden für nachfolgende Generationen. Wirtschaftliches Wachstum führt nicht nur dazu, dass künftige Generationen von erreichtem Wohlstand profitieren. Er schädigt auch die Lebensbedingungen künftiger Generationen. Mit anderen Worten: Die Schadensbeziehungen wirtschaftlichen Wachstums sind grenz- und generationenübergreifend.

Dass die weit entwickelten Gesellschaften einen Großteil der Verantwortung für die globalen Umweltschäden tragen, lässt sich mit einem einfachen Beispiel erklären: Dem ökologischen Fußabdruck. Es ist ein einfaches Modell, das von Mathis Wackernagel und William Rees entwickelt worden ist.[41] Es rechnet den Bedarf, den ein Mensch zur Aufrechterhaltung seines Lebensstils braucht, in Fläche um. Wir brauchen Fläche, um Energie zu erzeugen, zur Produktion, aber auch zur Lagerung von Müll oder auch Abgasen; all das lässt sich in einer Fläche pro Person pro Jahr darstellen. Es ist ein sehr grobes, aber anschauliches Mittel, denn es bezieht unseren Lebensstil auf die Erde, deren Ressourcen ja begrenzt sind. Heute brauchen wir die Fläche der Erde pro Jahr etwa eineinhalb Mal auf: Diese Zahl bezieht sich auf alle Menschen und ihren Lebensstandard. Wir übernutzen also bereits die natürlichen Ressourcen. Dramatischer wird die Zahl, wenn wir auf die entwickelten Länder schauen. Wenn alle so leben würden wie die Deutschen, steigt die Zahl auf das 2,5fache der Biokapazität, andere Länder liegen noch höher. Nicht überraschend liegt die Zahl in weniger entwickelten Ländern deutlich niedriger. Daraus folgt: Die Ressourcen auf dieser Welt werden zu Lasten der weniger entwickelten Gesellschaften übernutzt. Und die schlechte Nachricht ist: Auch diese weniger entwickelten Gesellschaften streben natürlich einen Lebensstandard an, der dem unsrigen entspricht. Es ist also absehbar, dass sich der ökologische Fußabdruck des Menschen auf der Erde durch zunehmendes wirtschaftliches Wachstum in diesen Ländern, durch Technisierung, aber auch durch Bevölkerungswachstum erhöht. Damit steigt aber auch die Wahrscheinlichkeit, dass es zu einem weiteren Anstieg der CO_2-Belastung und damit einer weiteren Erwärmung des Erdklimas kommt, aber auch zu Verteilungskonflikten um knappe Ressourcen – keine unbedingt gute Aussicht.[42]

Der Zauberspruch des Wachstums hat also Kräfte geweckt, die sich wie in Goethes Zauberlehrling gegen die Absicht dessen richten, der sie hervorruft – und es scheint kein Meister in Sicht, die ungebärdigen Helfer zu bannen. Beherrschen wir das Wachstum oder beherrscht das Wachstum uns? Sind wir denn in der Lage, noch irgendetwas zu steuern oder wuchert das Wachstum wie ein Krebsherd in unserer Mitte? Wenn wir auf die Schadensbilanz sehen, erscheint das bisherige Wachstum in keinem guten Licht: In der globalen Bilanz konstatieren wir bereits eine Reihe von nicht mehr umkehrbaren Schäden. Eine Forschungsgruppe um den schwedischen Wissenschaftler Johan Rockström hat in einem Aufsatz im Jahr 2009 die Frage gestellt: Wie sehen die globalen Belastungen aus?[43] Die Forscher haben dabei folgende Dimensionen untersucht: Klimawandel, die Übersäuerung der Ozeane, die Vernichtung der Ozon-Schicht, den Stickstoff-Zyklus, den Phosphor-Zyklus, die Frischwassernutzung, die Landnutzungsmuster, die Biodiversität und die chemische Verschmutzung. Der erschreckende Befund: In drei Bereichen sind die globalen Belastungsgrenzen bereits deutlich überschritten, und zwar beim Klimawandel, dem Stickstoff-Zyklus und dem Verlust der Biodiversität. Durch den Klimawandel erhöht sich die globale Durchschnittstemperatur; es wird erwartet, dass sie sich bis zum Ende des Jahrhunderts zwischen 2,2 und 4,9 Grad Celsius erhöht, mit dramatischen Folgen für die Erde bei Erhöhung der Durchschnittstemperatur ab 2 Grad Celsius. Wir liegen, was die Prognosen angeht, also deutlich darüber. Wenn das Ziel erreicht werden soll, die Erwärmung auf 2 Grad zu begrenzen, gibt es Obergrenzen des Ausstoßes von Treibhausgasen. Dann stellt sich aber sehr schnell die Frage: Wie sollen solche Obergrenzen international vereinbart werden? Der Teufel steckt hier nicht nur im Detail, sondern auch in den unterschiedlichen Interessen der Gesellschaften.

Der Stickstoff-Kreislauf ist durch menschlichen Eingriff ebenfalls aus der Balance geraten. Der massenhafte Einsatz von Düngemitteln führt zur Auswaschung von Böden und letztlich zu einer Überdüngung der Gewässer. Dies wiederum verursacht eine Eutrophierung der Gewässer, also einen explosionsartigen Anstieg von Algen, die dem Wasser den Sauerstoff entziehen. Dies kann dazu führen, dass Gewässer »umkippen«, also kein ökologisches Gleichgewicht mehr als Voraussetzung für Artenvielfalt besteht. Nicht zuletzt der Verlust an Biodiversität: Seit Beginn der Industriellen Revolution ist die Aussterberate in der Natur deutlich angestiegen. Pro Jahr sterben etwa 130 Arten aus; das ist ein Vielfaches der natürlichen Aussterberate. Die ökonomischen und ökologischen Folgen lassen sich kaum vorhersagen. Zum einen kennen wir nur einen Teil der Arten insgesamt, und zweitens wissen wir zu wenig über die Beziehungen zwischen den Arten. Welche Konsequenzen also das Aussterben bestimmter Arten hat, lässt sich nicht abschätzen. Was aber, wenn das Aussterben der Arten ähnliche Konsequenzen hat wie die schrittweise Entfernung von Nieten aus einer Brücke? Irgendwann bricht die Brücke in sich zusammen, aber es ist kaum möglich vorherzusagen, wann.

Die Studie der Gruppe um Rockström hat mit vielen Annahmen gearbeitet, die nicht hieb- und stichfest belegt werden können, gerade, was die so genannten Umschlagpunkte angeht, die irreversible Schäden anzeigen. Die Ergebnisse sind aber weitgehend akzeptiert, nicht nur, weil sie von anderen Forschungsergebnissen in der Tendenz bestätigt werden. Die Studien der Wissenschaftler aus aller Welt legen also nahe: Die Erde wird von uns umgestaltet, verliert an Biodiversität, wird zu einem unwirtlichen Platz für menschliches Leben, befindet sich in einem beklagenswerten Zustand. Und es ist keine nachhaltige Besserung absehbar. Zwar bemühen sich die Staaten um eine Begrenzung der Schäden, gerade, was den Klimawandel angeht. Es gibt jedoch einen systematischen Grund, der diese Anstrengungen erschwert. Dieser Grund, oder besser: Zusammenhang, wird mit der so genannten »IPAT-Gleichung« illustriert, die von Paul Ehrlich und John Holdren in den siebziger Jahren entwickelt worden ist.[44] Ausgangspunkt war die Frage: Welche Faktoren sind es, die die natürlichen Lebensgrundlagen belasten? Ehrlich und Holdren gaben darauf eine so einfache wie verblüffende Antwort. Die Faktoren sind im Wesentlichen: Bevölkerung, materieller Wohlstand sowie die Art der genutzten Technologie. Die Steigerung der ersten beiden Faktoren erhöht die Wirkung auf die Umwelt, bei der Technologie kommt es darauf an. Konkret: Bevölkerungswachstum und höherer Wohlstand führen zu einer höheren Belastung der natürlichen Lebensgrundlagen, für die Wirkung der Technologie ist entscheidend, welche Art von Technologie verwendet wird. Der Schaden an der Umwelt (Impact, I) ist das Produkt von Bevölkerung (Population, P), Wohlstand (Affluence, A) und der verwendeten Technologie (Technology, T); also: I=PxAxT.

Füllen wir die Gleichung ein wenig aus. In Deutschland geht die Geburtenrate eher zurück, dafür steigen der Wohlstand und das technologische Level. Also wird der Schaden, den wir an der Umwelt anrichten, eher steigen. Nun kann dieser Schaden vielfältig sein, von der Flächenversiegelung bis hin zur Emission schädlicher Stoffe; aber er ist zweifellos auch dann vorhanden, wenn wir saubere Energie erzeugen und unsere Abgase alle filtern. Global gesehen wird die Weltbevölkerung ansteigen, das sagen alle Prognosen voraus. Bald schon sind wir 10 Milliarden Menschen, eine Begrenzung ist nicht absehbar. In vielen Ländern sind Kinder eine Alterssicherung mangels anderer Alternative. Wir können durch verbesserte Produktionsbedingungen in der Landwirtschaft auch 10 Milliarden Menschen ernähren, doch wollen die ärmeren Länder eben auch ein Stück von dem großen Kuchen haben, der da Wachstum und Zugang zu modernen Technologien heißt. Nach unserer Formel bedeutet das: Die Schäden an der Umwelt werden zunehmen. Allein schon durch das Bevölkerungswachstum. Hinzu kommt die Kuznets-Kurve: In einer frühen Phase des Wachstums steigen die Umweltprobleme massiv an. Das sind insgesamt keine guten Nachrichten für Natur und Umwelt.

Nehmen wir eine weitere Begleiterscheinung des

Wachstums. Führt denn Wachstum dazu, dass wir irgendwann einmal sagen: Schluss, danke, ich habe genug? Das ist leider nicht der Fall. Zum einen beschickt die technologische Innovation natürlich Märkte immer mit neuen Produkten, die dann heftig beworben werden. Wir werden dann durch sanften Druck dazu gebracht, Geld auszugeben für ein neues Handy. Wenn wir zurückschauen auf unser erstes Handy: Was konnte das nochmal? Nur telefonieren? Kaum Speicher? Wirklich, kein Internet? Wie haben wir das bloß überlebt? Irgendwie ja schon, weil wir uns an die graue Vorzeit erinnern können, in der es noch nicht einmal Handys gab. Aber schon damals galt: Die technologische Entwicklung gibt die Schlagzahl vor, mit der unser Alltag transformiert wird. Wir müssen Schritt halten, zumindest glauben wir das. In Wahrheit sind wir Gefangene des Innovationsdrucks. Sicherlich, wir können uns da herausziehen, aber eben um den Preis, dass wir nicht vollwertig am Leben teilnehmen können und vielleicht von unseren Mitmenschen als Sonderlinge belächelt werden. Der griechische Philosoph Epikur hat schon vor über 2000 Jahren gewusst: »Wem genug zu wenig ist, dem ist nichts genug.« Diese Erkenntnis trifft in der dynamischen Wirtschaft der Moderne die Lebenswirklichkeit vieler Menschen leider sehr genau.

Haben Sie schon einmal nachgezählt, wie viele Paar Schuhe Sie haben? Nun macht es Sinn, für einige Eventualitäten gewappnet zu sein, also etwa ein Paar Wanderschuhe, Arbeitsschuhe zu haben, vielleicht auch welche, die zum Smoking passen oder für den Strand. In der Regel sprengen unsere Schuhbestände aber all diese Dimensionen. Gleiches gilt für Kleidung. Wir leben im Überfluss der Produkte, haben die Auswahl, aber auch irgendwie das Gefühl: Wir haben zu wenig. Gerade dann, wenn Moden hinzukommen, spüren wir den sanften Zwang, nur nicht altmodisch oder piefig daher zu kommen, sondern unser soziales Leben dem Konformitätsdruck modischer Konventionen anzupassen. Und da kommt uns der Billigdiscounter gerade recht: Das können wir uns nicht entgehen lassen. Kostet ja kaum etwas.

Ein weiteres Phänomen kommt hinzu. Wir vergleichen uns. Davon hängt unser sozialer Status ab und der ist nun einmal nicht unwichtig. Ich kann einen tollen Job haben, viel Geld verdienen, ein schönes Haus besitzen, zweimal im Jahr in Urlaub fahren und einen Mittelklassewagen fahren; wenn alle meine Freunde und Nachbarn aber doppelt so viel verdienen, ein größeres Haus haben, viermal im Jahr in den Urlaub fahren und einen Oberklassewagen besitzen, bin ich unzufrieden. Ich komme mir dann klein vor, obwohl objektiv kein Grund zur Klage wäre. Das Problem ist die soziale Beschämung. Der Ökonom Fred Hirsch hat dieses Phänomen genau beschrieben und spricht von Positionsgütern.[45] Sie verlieren an Wert, je mehr Menschen sie besitzen oder konsumieren. Wenn alle Menschen einen Ferrari fahren, ist dies nichts Besonderes mehr; Positionsgüter sind also eine Form von Statussymbolen, die Menschen wichtig sind und mit denen sie sich von anderen Menschen unterscheiden wollen.

Warum ist das so wichtig? Vermutlich deswegen, weil Menschen nach Anerkennung streben. Das ist eine tief in unser Wesen eingegrabene Sehnsucht. Anerkennung gibt es in modernen Gesellschaften in vielen Formen: In der Liebe wird der Mensch als solcher anerkannt, im Recht als Gleicher unter Gleichen, in der sozialen Wertschätzung spielen Individualität und Leistung eine Rolle. Die traditionelle Form der Anerkennung, in der der soziale Status über die Geburt vermittelt wird, existiert nur noch rudimentär. Individualität und Leistung werden häufig im Medium des Marktes bewertet. Die Maßeinheit des Marktes ist der wirtschaftliche Erfolg, und der spiegelt sich in Hierarchiestufen innerhalb eines Betriebes und/oder in materiellem Erfolg. Um all dies auch für uns erfüllen zu können, befinden wir uns in einem permanenten Wettbewerb: Um eine gute oder bessere Arbeitsstelle, wir müssen das Produkt, mit dem wir unser Geld verdienen, wettbewerbsfähig machen und halten, selbst in wettbewerbsfernen Bereichen wie dem öffentlichen Dienst sickert das Denken in Form von Standortwettbewerb mittlerweile langsam ein. Wettbewerb ist die ökonomische Zivilisierung kämpferischer, kriegerischer Impulse. Der Kampf wird nicht mit tödlichen Waffen und Körperstärke ausgetragen, sondern mit Innovationskraft, Arbeitseinsatz, Ausdauer, effizientem Einsatz von Mitteln für vorgegebene Ziele. Wir fragen nicht mehr nach dem guten Leben im normativen Sinn, sondern im materiellen Sinn. Unsere Ressourcen werden darauf hin ausgerichtet: Auf eine möglichst gute Verwertungsrationalität im Wettbewerb, auf die kurzsichtige und kurzfristige wirtschaftliche Effizienz, die wie ein Gift wirkt. Die letzte Bastion, die widerständig war, haben wir in Deutschland vor einigen Jahren geschliffen. Unsere Hochschulen und Universitäten sind nicht mehr der Bildungsidee Humboldts verpflichtet, sondern den Rationalitäten des Ausbildungsmarktes. Die Schule soll unmittelbar auf den Beruf vorbereiten und sich am besten gar nicht aufhalten mit Schnickschnack wie dem Lateinunterricht; wo Eltern doch Wert darauf legen, geraten sie in den Verdacht, neue positionelle Güter aufzubauen, um sich von der Masse abzuheben. Nicht am Wettbewerb teilzunehmen, das muss man sich auch leisten können.

In der Arbeitswelt spielen der Wettbewerb und die Wettbewerbsfähigkeit eine entscheidende Rolle. Häufig arbeiten wir nicht mehr, um unserem Leben einen Sinn zu geben, sondern unseren Produkten einen Absatz zu garantieren. Der Druck auf unser

Arbeitsleben nimmt enorm zu. Wir müssen Kosten sparen, gleichzeitig effizienter arbeiten. Zeit ist Geld, wusste Benjamin Franklin, und so wird das letzte Geld aus unserer Zeit herausgepresst. Die fest abgegrenzten Lebensbereiche Arbeit und Freizeit gehen ineinander über; die Grenzen verschwimmen. Wir sind immer erreichbar, ob durch E-Mail oder Handy. Das macht uns missmutig, es macht uns krank. Die Anzahl der psychischen Erkrankungen am Arbeitsplatz ist auf dem Vormarsch, die Anzahl der Krankschreibungen wegen psychischer Probleme nimmt dramatisch zu, ebenso die Anzahl der Fehlzeiten. Eine zunehmende Anzahl von Arbeitnehmerinnen und Arbeitnehmern halten diese Belastungen nicht bis zum regulären Renteneintritt aus und werden erwerbsunfähig, mit all den tiefen sozialen Einschnitten, die dies mit sich bringt. 50 Millionen Menschen seien in der EU von diffusen Krankheitsbildern im Zusammenhang mit Stress am Arbeitsplatz betroffen, schätzt das Bundesministerium für Gesundheit – Tendenz steigend. Keine Arbeit zu haben macht krank, aber Arbeit zu haben mittlerweile auch: Ein teuflisches System im Namen von Wachstum und Fortschritt.

Überspitzt könnte man formulieren: Wir haben die Abhängigkeit von der Natur durch eine Abhängigkeit von Wachstum ersetzt. Wachstum ist zu unserer künstlichen Natur geworden. Wir haben viel Elend besiegen können durch unsere künstliche

Natur, viel Leid verhindert oder vermindert. Doch wir haben uns neue Probleme geschaffen. Die Natur ist immer noch unser Wegbegleiter, wir sind selbst Teil der Natur. Ein Problem haben wir dadurch geschaffen, dass wir dies geleugnet haben und beinahe gegen die Natur leben, sie schädigen, als ob es kein Morgen gibt. Wir haben uns, würde Karl Marx sagen, von unserer Natur und der Natur selbst entfremdet. Das ist die eigentliche Katastrophe, in der wir schon leben. Einige Apokalyptiker meinen, die Zunahme von Wetterextremen, von Naturkatastrophen und Seuchen sei ein Zeichen dafür, dass die Natur zurückschlage, dass sie sich des Menschen entledigen wolle, wie man sich eines Parasiten entledigt, der den Wirt schädigt. Aber das ist Unsinn. Die Natur hat keine Subjektivität. Sie mag miteinander verknüpft sein und als ein Großorganismus verstanden werden, wie das auch im Bild der so genannten Gaia-Hypothese zum Ausdruck kommt.

Die Gaia-Hypothese geht von der Denkfigur aus, die Erde selbst als einen lebenden Organismus zu betrachten. Dabei werden die Vernetzungen von biologischer und nicht biologischer Welt betont sowie die Fähigkeit der Erde als eines Systems, sich anzupassen. Der Hinweis auf Gaia (aus dem griechischen: Erde als Muttergottheit) hat zu der einen oder anderen Fehlinterpretation geführt, etwa als ob hier ein einheitliches Bewusstsein bestünde. Das ist nicht damit gemeint. Gleichwohl: Für die ökologische Debatte ist der Hinweis auf die Verschränkung alles Lebens ebenso erkenntnisleitend wie die These, die Erde sei als System aus sich selbst heraus wandlungs- und anpassungsfähig. Aber letztlich ist sie nichts anderes als die Idee der Schöpfung in einem neuen Gewand, also eine sehr christliche Idee. Die Schöpfung ist von einem Willen durchzogen, der ihr Gestalt und Einheit gibt.[46]

Ist das Schicksal, also unausweichlich? Können wir nicht anders? Sind wir wie Fahrradfahrer, die nicht mehr anhalten können, weil sie sonst umfallen? Muss der Motor Wachstum deswegen immer im Betrieb sein? Oder hilft es sich daran zu erinnern, dass auf dem Boden von Pandoras Büchse die Hoffnung eingeschlossen ist? Die Antworten, die gegeben werden, sind zahlreich, manche sind extrem. Stephen Hawking etwa meinte einmal, die einzige Hoffnung der Menschheit sei es, einen neuen Planeten zu besiedeln, bevor wir die Erde endgültig zugrunde gerichtet hätten. Andere meinen, der Klimawandel sei gottgewollt oder bewege sich innerhalb der natürlichen Schwankungen – kein Grund zur Sorge also.

Wegschauen gilt nicht. Weglaufen auch nicht. Also muss man gestalten. Wie viel in der Not möglich ist, hat die Coronakrise gezeigt. Sie kam schnell, plötzlich und brachial; die Umweltkrise kommt langsam, auf leisen Sohlen und hinterrücks. In der Coronakrise haben wir massiv umgesteuert und festgestellt: Es verändern sich auch die Schadenswerte. Das hatte allerdings auch einen hohen Preis. Es ist also möglich. Nach meiner festen Überzeugung liegt die Antwort auf die Krise in einer Umgestaltung des Kapitalismus, wie wir ihn kennen. Aber wie kommen wir dorthin?

11. Umwelt und Schöpfung

Frühjahr 2019: Die Vizepräsidentin des Deutschen Bundestages, Claudia Roth, hat mich und den Kollegen Frithjof Schmidt zu einer Reise eingeladen. Themen sind Klimawandel und Menschenrechte. Eines unserer Hauptziele ist Kiribati. Kiri – was? Kaum jemand in meinem Freundeskreis hatte jemals den Namen dieser Insel gehört. Ich vor dieser Reise ehrlich gesagt auch nicht. Eine Insel, so wurde mir gesagt, die vielleicht in dreißig bis vierzig Jahren durch den steigenden Meeresspiegel nicht mehr existieren würde. Eine Insel im Südpazifik, deren Schönheit lügt. Nein, eigentlich keine Insel, ein Atoll. Und dazu gehören mehrere andere Atolle: Ein fiktives Staatsgebiet, dass sich über mehr als 4000 km erstreckt, über die Datumsgrenze hinaus und nördlich und südlich des Äquators. Eine Insel, die man nur schwer erreichen kann: Unser Flug führt uns in der Nacht vom australischen Brisbane über die Salomonen und Nauru, die ehemalige deutsche Kolonie.

Der kleine Flughafen in Kiribati ist unser Ziel früh am Morgen. Auf der Fahrt in das Hotel bekommen wir einen ersten Eindruck. Zwischen der

Lagune und dem Meer liegen manchmal nur einhundert Meter. Wie ein dünner Strich im riesigen Meer erscheint Kiribati auf der Landkarte. Wir halten an einem Ort, der die höchste Erhebung der Insel markiert: Drei Meter über dem Meeresspiegel. Trotz der Hitze fröstelt es mich plötzlich. Das wird vermutlich der einzige Ort der gesamten Insel sein, der in dreißig Jahren noch über dem Meeresspiegel sein wird. Alles andere wird in dem türkisblauen Wasser verschwunden sein. Wir fahren weiter. Eine seltsame Szenerie rechts und links der Straße: Ärmlich wirkende Hütten, offene Küchen und Schlafräume auf Stelzen, häufig auch Gräber der Ahnen direkt auf dem Grundstück. Man erklärt uns: Häufig werde die Nabelschnur vergraben und später dann der Tote auch dort beerdigt. Von der Wiege bis zur Bahre also eine enge Beziehung zu dem Grund und Boden, auf dem man lebt, eine enge Familienbeziehung. Man ahnt die Tragödie, die sich anbahnt: Eine solche enge Heimatbeziehung ist nicht austauschbar.

Szenenwechsel. Wir sitzen im Garten von Kapitän H., der mit seiner Frau seit einigen Jahren hier lebt. Sein hanseatischer Dialekt ist unüberhörbar. Vor vielen Jahrzehnten war vor Kiribati ein Schiff einer Hamburger Reederei vor Anker gegangen, man hatte einen Schwerkranken. Die Hilfsbereitschaft der Einheimischen hatte die Reederei gerührt. Als Dank hatten dann mehrere Hamburger

Reeder zusammen einen Ausbildungsbetrieb für Schiffspersonal auf Kiribati gegründet. Kapitän H. managt die Arbeitsvermittlung. Aber deswegen sind wir nicht bei ihm. Er ist mit dem ehemaligen Präsidenten Anote Tong befreundet und hatte versprochen, ihn einzuladen.

Der ehemalige Präsident ist im politischen Leben von Kiribati mittlerweile fast ein Pariah. Als wir unsere Absicht bekundet hatten, ihn zu treffen, wurden alle Termine mit offiziellen Repräsentanten abgesagt. Anote Tong ist international eine Berühmtheit. Er war es, der öffentlichkeitswirksam auf das Schicksal seiner Heimat aufmerksam gemacht hat. Er hat auf Fidschi Land aufkaufen lassen, für die Versorgung mit landwirtschaftlichen Produkten, aber auch als mögliche Ausweichheimat. Der kanadische Filmemacher Matthieu Rytz hat darüber einen Film gedreht, »Anotes Ark«. Wie Noah mit seiner Arche das Überleben der Menschheit gesichert hat, will Anote das Überleben seines Volkes sichern: etwa einhundertfünfzehntausend Menschen, verteilt auf 32 Atolle in einem Umkreis von 3,5 Millionen Quadratkilometern. Neuseeland wird einige von ihnen aufnehmen, aber bei weitem nicht alle. Kann man ein ganzes Volk, eine ganze Kultur umsiedeln?

Die gegenwärtige Regierung sieht das alles kritisch. Ihr ist die Popularität des drahtigen, weltgewandten ehemaligen Präsidenten unheimlich. Und

Anote Tong ist eine beinahe charismatische Figur: Der grauhaarige Mann mit der charakteristischen Bürstenfrisur und dem kurzen Schnurrbart redet in kurzen Sätzen, verständlich, eindringlich, sich der Wirkung auf seine Zuhörer sehr bewusst. Seine universitäre Laufbahn hat er an der renommierten London School of Economics abgeschlossen. Er kennt die Welt und weiß sich auf den unterschiedlichen Parketten diskursiv zu bewegen. Der manchmal auch als »Klimakrieger« bezeichnete mehrmalige Präsident wird immer wieder auch als Anwärter auf den Friedensnobelpreis genannt.

Im Garten von Kapitän H. begegnet uns ein aufgeräumter Anote im Poloshirt; er wird von seiner Frau Nei Meme begleitet. Ja, sagt er, die gegenwärtige Regierung hier teilt nicht meine Ideen. Sie sind der Meinung, man könne dem steigenden Meeresspiegel widerstehen und Dämme bauen. Er lächelt, als ob er das alles für eine Idee von Kindsköpfen hält, so als wolle man den Ozean mit einem Löffel leeren. Aber seine eigentliche Frage ist nicht, was wir in Kiribati machen. Die eigentliche Frage ist: Was macht ihr in der industrialisierten Welt, um uns zu retten?

Was machen wir? Einige Projekte über die Deutsche Gesellschaft für Internationale Zusammenarbeit, ja. Das meint Anote Tong aber nicht. Wie ernst nimmt man die globale Erwärmung? Was tut ihr, um nicht weiter Verursacher der Erwärmung zu sein? Um die Erwärmung auf weniger als 1,5 Prozent zu beschränken? Das ist, spüren wir, nicht der Moment, über den deutschen Kohlekompromiss zu reden, der bis 2038 einen Ausstieg aus der Kohlekraft vorsieht. 2038 ist es vielleicht schon zu spät für Kiribati. Wenn es so etwas gibt wie ein klimapolitisch schlechtes Gewissen, hier stellt es sich ein. Hier leben die Opfer unserer Lebensweise, der »kolonialen Lebensweise«, wie es der Wiener Politikwissenschaftler Uli Brand einmal formuliert hat. Und selbst die Ausrede, wir seien doch nur für 2 % der globalen Emissionen verantwortlich, wirkt hier schäbig.

Wenige Monate später, das kommunale Kino in Frankfurt Höchst. Wir haben eine Vorführung des Films »Anotes Ark« organisiert. Claudia Roth ist gekommen und wir diskutieren nach dem Film mit den etwa 80 Besuchern den Film und seine Aussagen. Der Film hatte zwei Erzählstränge. Einmal Anote Tong selbst, der Film begleitet ihn. Der zweite Erzählstrang porträtiert Sermary Tiare, eine junge Frau aus Kiribati, die nach Neuseeland ausgewandert ist, um ihrer Familie eine Perspektive zu geben. Migration bringt Lebenspläne durcheinander. Es zerstört kulturelle Zusammenhänge. Das ist bei der jungen Frau auch so. Aber sie sieht in Kiribati keine Zukunft mehr für ihre Familie. Sie hat nicht aufgegeben, aber sie hat ihre Heimat aufgegeben. Für ihre Kinder wird Kiribati nur eine Erzählung sein, ihre Enkel werden vielleicht noch nicht einmal mehr die Insel besuchen können. Den Film durchzieht eine leise Melancholie, die diejenigen kennen, die Abschied nehmen. Unsere Besucher sind beeindruckt, aber auch verunsichert. Was muss getan werden? Ist es nicht sogar längst zu spät? In der Podiumsdiskussion, die dem Film folgt, ist der Wille greifbar, es besser zu machen. Aber wie? Bedeutet das, dass wir verzichten müssen?

Können wir uns ein solches Schicksal vorstellen, das in 30 Jahren Deutschland nicht mehr existiert? Ausgelöscht durch einen steigenden Meeresspiegel? Klimawandel hat es schon immer gegeben, sagen die einen. Und sie haben recht. Klimawandel gab es schon immer, aber in sehr viel längeren historischen Dimensionen. Und richtig ist auch: Die Menschen haben sich dann über Generationen angepasst, sind gewandert, haben neue Lebensräume erschlossen.[47]

Diesmal aber sind drei Dinge anders. Der Klimawandel hat keine natürlichen Ursachen, sondern ist von Menschen verursacht. Der zweite Unterschied: Er vollzieht sich nicht langsam, sondern rasend schnell. Nie ist mir das deutlicher geworden als auf jenem schmalen Landstrich in der Weite des pazifischen Ozeans. Und schließlich: Wir sind heute in hohem Maße sesshaft. Können wir es uns vorstellen, das heute ganze Gesellschaften wandern, um dem Klimawandel zu entkommen? Es passiert aber bereits. Wir müssen nur nach Afrika sehen, wo Dürren dazu führen, dass Menschen nicht mehr in ihrer Heimat bleiben können. Forscher gehen davon aus: Das 21. Jahrhundert wird das Jahrhundert der Klimaflüchtlinge. Die werden sicherlich nicht alle nach Deutschland kommen. Aber wie wollen wir damit umgehen, wenn schon jetzt bei Bürgerkriegsflüchtlingen aus Syrien eine kollektive Schnappatmung einsetzt?

Ich will nicht sonderlich pessimistisch klingen, aber ich glaube nicht, dass wir die Insel noch retten können. Wir in Deutschland allein ohnehin nicht, dafür ist unser Beitrag zur globalen Belastung mit CO_2 zu gering, absolut gemessen, nicht pro Kopf. Es wären verbindliche internationale Abkommen notwendig, um den Klimawandel zu verlangsamen. Aber die großen Verschmutzer, die USA und China, haben daran kein Interesse. Andererseits: In der Coronakrise hat sich gezeigt, wie schnell sich die Luftqualität ändern kann: Kaum ein Flugzeug am Himmel, weitgehende Ausgangsbeschränkungen (und damit kaum Verkehr auf den Straßen), die Fabriken weitgehend geschlossen: Das zeigte Wirkung. Plötzlich verbesserte sich die Luftqualität; die Belastung mit CO_2 sank. Aber es ist kein Patentrezept gegen die Umweltbelastung, weil damit natürlich auch die Wirtschaft einbricht, die Menschen ohne Arbeit sind. Nie hat sich deutlicher gezeigt, dass unser Wohlstand auf Zerstörung aufgebaut ist. Nicht schöpferischer Zerstörung, wie wir es von Schumpeter kennen, sondern autoaggressive Zerstörung.[48] Und das Schlimmste ist: Die Auswirkungen treffen zunächst diejenigen, die diese Zerstörung nicht verursacht haben.

Aber es ist eine Zwickmühle. Auf der gleichen Reise hatten wir auch in Bangladesch Gelegenheit, die Sundarbans zu besichtigen, einen riesigen Mangrovenwald im Süden von Bangladesch. Es ist eine Landschaft von beeindruckender Schönheit, durchzogen von Flüssen wie dem Ganges, dem Brahmaputra und der Meghma, die schließlich in den Golf von Bengalen mäandern. Die Sundarbans gehören zum Weltnaturerbe und sind als Biosphärenreservat gekennzeichnet. Aber just dort baut die bengalische Regierung eines der größten Kohlekraftwerke. Es ist ja auch verführerisch: Die Kohle, die zumeist aus Südafrika oder Australien per Schiff kommt, kann dort leicht angelandet werden. Dieses Projekt haben wir uns angesehen und mit Vertretern der deutschen Firma gesprochen, die das Projekt realisiert. Man sehe, sagten die Projektleiter, die Einwände, die es gebe. Allerdings: Hätte man den Auftrag nicht übernommen, hätten russische oder chinesische Firmen das Kraftwerk gebaut, mit sehr viel weniger Rücksicht auf die Umwelt. Auch ein Gespräch mit der Premierministerin, Scheich Hasina Wajed, verlief eher überraschend. »Schauen Sie«, sagte sie, »ich habe ein Volk von 160 Millionen Menschen zu ernähren. Dafür brauche ich Energie.« Eine wahrhaftige Zwickmühle! Sie braucht Energie, damit die Menschen nicht verhungern, das führt aber dazu, dass der Klimawandel gefüttert wird. Dessen war sich auch die Premierministerin bewusst. Sollte sie ihr Volk hungern lassen, damit die Welt weniger von einem Klimawandel betroffen sein würde, den die Bengalen nun wirklich nicht verursacht haben?

Und was können wir in Deutschland tun? Wir können die Welt nicht alleine retten, so viel ist klar. Und es gibt eine Unzahl von Vorschlägen, wie in Deutschland Nachhaltigkeit und Umweltschutz praktiziert werden kann, soll oder muss. Der Deutsche Bundestag hat 2013 hierzu einen großen Bericht vorgestellt.[49] Viele der darin enthaltenen Vorschläge sind nach wie vor hochaktuell. Ich will keine Vorschläge herausgreifen, sondern nur einzelne Prinzipien deutlich machen:

– Nachhaltigkeit muss eine Querschnittsaufgabe werden. Alle gesetzlichen Vorhaben müssen nicht nur auf Kosten für die Wirtschaft und zusätzliche bürokratische Entlastung hin untersucht werden, sondern auch auf Kosten für die kommenden Generationen.
– Die öffentliche Beschaffung muss sich an dem Kriterium der Nachhaltigkeit messen lassen. Deswegen müssen alle öffentlichen Ausschreibungen dieses Kriterium in den Mittelpunkt stellen. Unternehmen, die nachhaltiges Wirtschaften betrei-

ben, können Steuervorteile erhalten; Voraussetzung ist eine nachvollziehbare Nachhaltigkeitsberichterstattung sowie eine Zertifizierung nach noch festzulegenden Kriterien.

- Deutschland muss den Mut haben, Vorreiter technologischer Entwicklungen zu werden, die helfen, den Klimawandel zu verlangsamen oder zu stoppen.
- Wir werden an Verboten bestimmter Technologien langfristig nicht vorbeikommen. Als erster Schritt müssen diejenigen Technologien progressiv besteuert und damit verteuert werden, die zum Klimawandel beitragen. In einem zweiten Schritt werden diese Technologien dann verboten. Es gibt kein Menschenrecht auf Verschmutzung der Atmosphäre. Das gilt auch und vor allem für die klassischen Verbrennungsmotoren. Je schneller diese außer Betrieb gesetzt werden, umso besser. Ziel ist die weitgehende Dekarbonisierung von Wirtschaftsprozessen und Mobilität.
- Die Coronakrise hat gezeigt: Im Krisenmodus können Entscheidungen getroffen werden: Schnell, weitgehend, tiefgreifend. Die eigentümliche bisherige Fixierung auf eine schwarze Null wurde schneller über Bord geworfen, als man dachte. Auch ökologisch befinden wir uns in einer Krise. Sie verläuft nur langsamer und ist in Deutschland noch nicht so deutlich. Aber sie wird uns einholen. Wir müssen gewappnet sein

> und uns vor Augen halten: Ausgeglichene Haushalte verlieren in der ökologischen Katastrophe ihren Sinn. Deswegen ist es sinnvoll, auch ein großes Investitionsprogramm für die ökologische Wende aufzulegen. Es wird sich zweifach amortisieren: Erstens durch niedrigere Anpassungskosten an den Klimawandel, und zweitens durch die Möglichkeit, mit so entstehender Technologieführerschaft neue Märkte zu erobern.

Fridays for Future hat das Thema der Nachhaltigkeit mit Macht auf die politische Agenda gebracht. Das ist gut so. Wir brauchen diese Ungeduld, den Willen, voran zu schreiten. Was wir nicht mehr brauchen, sind dumme Ausreden wie etwa: Das lässt sich nur europäisch lösen! Oder: Deutschland allein kann doch gar nichts bewirken. Doch, können wir. Wir müssen nur bereit sein, auch einmal ein Risiko für unsere Nachkommen einzugehen. Und was wir auch nicht brauchen, sind hämische Bemerkungen wie: Diese jungen Leute sollen doch erst einmal Geld verdienen! Die haben doch keine Ahnung vom wirklichen Leben! Vielleicht ist das aber gerade ihre Stärke. Warum also nicht diese jungen Leute von heute etwas ernster nehmen? Ich finde den Einsatz für eine lebenswerte Welt richtig. Auch das ist eine Form des Gemeinwohls. Und es ist ein Engagement, das viel mit dem Erhalt der Schöpfung zu tun hat.

12. Kapitalismus und Gemeinwohl

Der Kapitalismus ist besser als sein Ruf. Das liegt daran, dass er in vielen Ländern reguliert wird, damit seine nützlichen Kräfte zum Vorschein kommen können. Kapitalismus ist wie ein wilder, reißender Bach: Er kann Menschen ins Verderben reißen, Häuser und Landschaften zerstören. Zwingt man ihn aber in ein Flussbett, kann er nutzbar gemacht werden, etwa um Wassermühlen anzutreiben, als Transportweg genutzt zu werden, um Strom zu erzeugen. So ist es auch mit dem Kapitalismus. Reguliert man ihn, zähmt man ihn, kann er viele positive Wirkungen haben. In diesem Sinn ist auch der Wirtschaftshistoriker Werner Plumpe zu verstehen, der am Ende einer sehr ausführlichen Geschichte des Kapitalismus urteilt, dass Länder der Armutsfalle am besten entkommen, wenn sie sich auf stabile und klare kapitalistische Strukturen stützen können.[50] Der britische Ökonom Paul Collier sieht dies ganz ähnlich. Für ihn ist der Kapitalismus das einzige System, das in der Lage ist, Massenwohlstand zu erzeugen.[51] Gemeint ist aber nicht der ungezähmte, wilde Kapitalismus, sondern die regulierte Variante. Hatte also Karl Marx völlig Unrecht mit seiner vernichtenden Kritik des Kapitalismus?

Nein, hatte er nicht. Im 19. Jahrhundert waren sowohl Märkte wie der Kapitalismus weitgehend unreguliert. Das Gesetz des Stärkeren prägte die Wirtschaft; die Arbeiter waren die Schwächeren und wurden ausgebeutet. Die gesellschaftliche Spaltung war real. Kapitalismus führte zum Wohlstand einiger weniger. Marx hatte darauf gehofft, dass eine Revolution dies alles ändern würde. Andere setzten eher auf schrittweise Reformen. In der Sozialen Marktwirtschaft, wie sie nach dem Ende des Zweiten Weltkriegs in Deutschland etabliert worden war, setze man von Anfang an auf Ausgleich. Der Titel des berühmten Buches von Ludwig Erhard, »Wohlstand für alle!«, brachte die Hoffnungen auf einen Punkt: Wohlstand eben nicht nur für einige wenige, sondern für breite Schichten der Gesellschaft. Aber der Wohlstand sollte nie Selbstzweck sein. Irgendwann sollte eine zweite Phase der Sozialen Marktwirtschaft dafür sorgen, dass man über den Wohlstand als Besitz materieller Güter wirtschaftend hinausgehen konnte: Zu einer Wirtschaftsordnung, die den ganzen Menschen im Blick hat und nicht nur seine materiellen Bedürfnisse. Heute würden wir sagen: Diese zweite Phase der Sozialen Marktwirtschaft hat sehr viel mit den ökologischen Fragen zu tun, um die wir uns sorgen.

Deswegen sprechen wir heute auch gerne von einer sozial-ökologischen Marktwirtschaft. Gemeint ist damit, dass der Mensch seine Umwelt auf der Jagd nach materiellen Gütern nicht vernichten darf, weil er sich damit selbst schadet. Schließlich steht der Mensch der Natur nicht bindungslos gegenüber, sondern ist vielmehr ein Teil von ihr. Deswegen geht es bei der Frage um Nachhaltigkeit auch nicht nur darum, nicht mehr Ressourcen zu verbrauchen als nachwachsen. Es geht insgesamt um ein neues Verhältnis von Mensch und Natur.[52]

Um die Frage, wie das zu bewerkstelligen ist, ist eine leidenschaftliche Debatte entbrannt. Die einen sagen: Wir müssen verzichten, die Wirtschaft muss schrumpfen. Unser ökologischer Fußabdruck ist ohnehin viel zu hoch.[53] So sehr das mit dem zu hohen ökologischen Fußabdruck stimmt, der Therapievorschlag hat aber einen Pferdefuß: Erstens wird sich schwer darstellen lassen, wie man in einer international vernetzten Wirtschaft, die auf Wachstum setzt, Schrumpfung organisieren kann. Dazu müsste man schon auf einer Insel leben, ohne jegliche Außenkontakte – oder alle anderen müssten genau dasselbe tun. Damit ist aber eher nicht zu rechnen. Zweitens setzt das auch einen Kulturwandel voraus, der nicht erzwungen werden kann: Dass Menschen sich selbst und ihren sozialen Status nämlich nicht über das definieren, was sie haben (also vornehmlich über Geld, Einkommen und Vermögen, mit denen man sich Dinge kaufen kann), sondern über andere Anerkennungsweisen. Das kann man sich wünschen, aber man kann es weder erzwingen noch voraussetzen. In einer Diktatur vielleicht – aber nicht in einer demokratischen Ordnung, die die Menschenrechte und damit die Freiheit des Einzelnen besonders schützt. Aber die Frage lohnt sich: Was könnten denn solche anderen Anerkennungsweisen sein? Da empfehle ich immer einen Blick in die Serie Star Trek, in der die unterschiedlichsten Formen der Anerkennung dargestellt sind. Bei den Vulkaniern ist es die Logik, bei den Klingonen die Ehre und der Kampf, bei den Ferengi das Geld und bei den Erdenmenschen – im 24. Jahrhundert – das Streben nach Wissen. Im Augenblick ähneln wir noch nicht unseren Nachkommen im 24. Jahrhundert, sondern eher den Ferengi. Geld regiert die Welt, heißt es salopp, und das stimmt. Mit Geld kaufen wir uns ein schönes Haus, ein oder zwei Autos, Geld brauche ich, um in Urlaub zu fahren oder mich der Mode nach zu kleiden. Es mag ja sein, dass dies alles im 24. Jahrhundert anders wird, wenn man Replikatoren hat und sich von Ort zu Ort beamen kann, aber heute ist es eben noch nicht so. Und dann spielen Geld und damit verbunden sozialer Status und soziale Anerkennung eine wichtige Rolle. Aber es lohnt sich immer auch, wie es die großen Religionen tun, die Frage zu stellen: Ist ein voller Bauch ein ausreichender Lebenssinn?

Der Mensch lebt nicht vom Brot allein, heißt es in der Bibel. Und das ist ein wichtiger Hinweis darauf, dass es auf Dauer dem Menschen nicht bekommt, wenn er seinen Lebenssinn nur in den materiellen Dingen findet.

Vielleicht können aber auch die Probleme, die durch die Technik entstanden sind, durch die Technik wieder gelöst werden. Ein ungewöhnlicher Gedanke, aber nicht abwegig: Es erinnert ein wenig an Amfortas aus der Wagner-Oper Parsifal, der an einer Wunde leidet, die der Heilige Speer ihm zugefügt hat – und diese Wunde kann nur heilen, wenn der Heilige Speer sie erneut berührt. Was bei Wagner im Mythos lebt, hat aber für die Frage, wie Technikfolgen heilen, wichtige Bedeutung: Technikfolgen können durch Folgetechnik geheilt werden. Keineswegs eine abwegige Idee, zumal sie auch bei einigen Grünen eine gewisse Popularität hat.[54] Und vielleicht hilft das ja tatsächlich: Dass wir durch kluge Weichenstellungen intelligente Technologien entwickeln, die die Umwelt weniger belasten oder helfen, die Umwelt wieder zu reparieren – und dass wir mit diesen Technologien im internationalen Wettbewerb einen Vorteil erlangen und in der Lage sind, unsere Ideen und Technologien auch zu exportieren.

Vielleicht reicht das aber alleine nicht aus. Wir stehen vor der Situation, dass wir um das Kommen der ökologischen Katastrophe wissen. Vielleicht können wir einiges durch Technik aufhalten, vielleicht auch einiges reparieren. Aber das Grundproblem lösen wir damit nicht: Dass Kapitalismus immer auch »schöpferische Zerstörung« heißt, wie es Joseph Schumpeter einmal ausgedrückt hat. Und dass wir befürchten müssen, dass der zerstörerische Teil den schöpferischen leider längst überholt hat. Was also tun, um diese Form des Kapitalismus zu überwinden?

Appelle an die Mäßigung des Menschen sind in einer Welt immer lockender Konsumwaren fruchtlos. Man wirkt wie ein skurriler Eremit, wenn man sich der Konsumgesellschaft verschließt; der eine oder andere hat die Stärke, dies auch durchzuhalten, aber als Massenphänomen ist es eher unwahrscheinlich. Aus unserem freiheitlichen Menschenbild heraus stehen wir auch Ideen einer Umerziehung des Menschen ablehnend gegenüber; das ist nie gut gegangen, wie es die Erfahrung der totalitären Regime in Europa und anderswo in der Welt gezeigt hat. Einstellungen und Verhaltensweisen können sich zwar ändern, aber eher langfristig, über Generationen hinweg und nicht erzwungen. Ein wirksames Instrument ist die preisliche Regulierung; hier kann der Markt helfen, Verhaltensweisen zu ändern, wenn entsprechende Knappheit vorliegt – oder künstlich erzeugt wird, etwa im Zertifikatehandel. Vielleicht kann man mit Anreizen arbeiten, vielleicht mit dem Argument der

Gesundheit. Jedenfalls ist beispielsweise der Trend zu einer gesunden Ernährung mit dem Wissen gestiegen, welche Lebensmittel dem Körper weniger gut bekommen; und Fragen des Tierschutzes spielen für eine mittlerweile beachtliche Minderheit ebenfalls eine Rolle bei der Entscheidung, wie sie sich ernährt. Das sind aber bei näherer Betrachtung doch eher Minderheitenprojekte, vielleicht Elitenprojekte, ohne Durchschlagskraft in der breiten Bevölkerung; eine umfassende Änderung von Verhaltensweisen kann zwar auch auf Vorbilder setzen, vermag sich aber häufig nicht als Mehrheitsprojekt einer Gesellschaft zu etablieren. Und wenn, dauert es lange und ist mühsam – man kann dies beispielsweise bei der Entwicklung des Rauchens feststellen, wo gesicherte Erkenntnis über schädliche Wirkung, massive Verteuerung und weitgehende gesellschaftliche Ächtung bislang noch nicht dazu geführt haben, dass Rauchen vollkommen aus der Mode kommt. Um wie viel schwieriger wäre dies erst bei einer weitreichenden Verhaltensänderung! Und doch, gerade eine Verhaltensänderung unserer Einstellungen gegenüber Konsum und Besitz wäre die beste Basis für einen nachhaltigen und achtsamen Umgang mit der Schöpfung. Wissenschaftler nennen diese erforderliche Haltung Suffizienz: Nicht mehr haben, sondern weniger brauchen. Wir ersticken im »Zeug«, das wir ansammeln. Jeder Haushalt in Deutschland besitzt mittlerweile 10.000 Produkte, angefangen von den Möbeln über Bücher und Bestecke bis zu dem Krimskrams, der sich überall sammelt.[55] Wir müssen ja nicht wie Mönche leben, aber das christliche Prinzip der Mäßigung ist schon hilfreich, um die Welt der Waren vielleicht wieder auf ein menschliches Maß zurück zu führen. Brauchen wir das alles wirklich?

Eine zweite, sehr allgemeine Antwort ist technisch und hat zwei Komponenten: Eine Erhöhung der Effizienz und der Versuch, Stoffkreisläufe zu schließen. Erhöhung der Effizienz bedeutet: Weniger Rohstoff oder Energie für ein bestimmtes Ergebnis benötigen bzw. weniger Abfall produzieren. Das hat in den vergangenen Jahren und Jahrzehnten schon technisch ganz gut funktioniert, schaut man sich beispielsweise den durchschnittlichen Spritverbrauch von Autos an. Es hat aber einen Nachteil. Allzu häufig werden Steigerungen der Effizienz durch ein verändertes Konsumverhalten wieder »aufgefressen«. Das Auto verbraucht weniger Sprit – dann wird mehr gefahren. Ich habe mein Haus gedämmt, spare CO_2 ein und brauche weniger Geld für die Heizung – prima, dann ist Geld da, um ab und an mal wegzufliegen. Was sich hier nur anekdotisch schildern lässt, ist in der Wissenschaft unter dem Namen »Rebound-Effekt« bekannt. Wie der Basketball, der nicht in den Korb geht, sondern abprallt: Ein lange bekanntes Phänomen, das aber nicht zu unterschätzen ist. Ändern lässt es sich nur durch mehr Achtsamkeit im Umgang mit den Ressourcen, also durch mehr von der Denkungsart, die ich oben als »Suffizienz« beschrieben habe.

Und schließlich die dritte Antwort: Die Schließung der Stoffkreisläufe. Die Natur produziert keine Abfälle. Menschen tun es, und zwar zuhauf. Wenn die Abfälle aus den Produktionsprozessen wieder vollständig der Produktion zugeführt werden könnten, das wäre ein riesiger Schritt. Wenn man beispielsweise CO_2 in großem Stil aufspalten und wiederverwenden könnte, anstatt es in die Atmosphäre zu blasen. Erste Versuche dazu gibt es, aber noch keine Anwendung im industriellen Großmaßstab. Man sieht aber: Manches lässt sich durch technologische Innovation schon verbessern und heilen.

Deswegen ist es gut, weiter auch Technologie zu fördern. Es ist aber wichtig, nicht die Technologie zu fördern, die die Umwelt belastet. Sondern Technologien, die weniger Ressourcen verbrauchen oder helfen, die Umwelt zu reparieren. Aber das allein reicht nicht aus. Wir müssen auch die Art und Weise unseres Wirtschaftens umstellen. Und nun sage ich ein ketzerisches Wort: Wir müssen den Kapitalismus weiterentwickeln. Nun ist der Kapitalismus ein historisches Phänomen. Er entstand unter bestimmten Bedingungen, hat sich in der Zwischenzeit verändert, weiterentwickelt. Er hat heute ein völlig anderes Gesicht als vor einhundert Jahren, und er wird sich auch in Zukunft entwickeln, verändern. Vielleicht werden wir eines Tages auch in einer postkapitalistischen Zeit leben, aber jetzt sicherlich noch nicht.[56] An Vorschlägen, den Kapitalismus zu reformieren, zu verändern, mangelt es nicht.[57] Aber mir scheint, dass zunächst die Frage geklärt werden muss: Wohin soll sich der Kapitalismus entwickeln? Wo soll man ihn »umbiegen«, um einen Begriff von Oswald von Nell-Breuning aufzugreifen? Hier gibt uns das eine oder andere Verfassungsdokument einen Hinweis.

»Eigentum verpflichtet«, so steht es im Grundgesetz. Sein Gebrauch solle zugleich dem Wohl der Allgemeinheit dienen. Ein klares Bekenntnis also zur Sozialbindung des Eigentums und der Wirtschaft, die sich auch an anderen Orten findet. In der Verfassung des Freistaates Bayern heißt es: »Eigentum verpflichtet gegenüber der Gesamtheit.« Und, sehr viel klarer ebenfalls in der bayerischen Verfassung: »Die gesamte wirtschaftliche Tätigkeit dient dem Gemeinwohl, insbesonders der Gewährleistung eines menschenwürdigen Daseins für alle und der allmählichen Erhöhung der Lebenshaltung aller Volksschichten.«

Ähnlich sieht das die Verfassung des Landes Hessen. Aufgabe der Wirtschaft sei es, »dem Wohle des ganzen Volkes und der Befriedigung seines Bedarfs zu dienen. Zu diesem Zweck hat das Gesetz die Maßnahmen anzuordnen, die erforderlich sind, um die Erzeugung, Herstellung und Verteilung sinnvoll zu lenken und jedermann einen gerechten Anteil an dem wirtschaftlichen Ergebnis aller Arbeit zu sichern und ihn vor Ausbeutung zu schützen«. Und sie stellt auch klar: jeder Missbrauch wirtschaftlicher Freiheiten ist untersagt. Eigentum und wirtschaftliche Freiheiten sollen also nicht am Einzelnen orientiert sein, sondern am Einzelnen in der Gemeinschaft – ein wichtiger Unterschied.

Dass Eigentum soziale Grenzen hat, ist eine alte Erkenntnis der katholischen Kirche, die sich in der katholischen Soziallehre ausgeprägt hat. Gegen die liberale Haltung vom Eigentum als einem Naturrecht weitgehend ohne Schranken betont die Soziallehre die Gebundenheit von Eigentum an eine Idee des Gemeinwohls. Exemplarisch hierfür kann Kardinal Reinhard Marx stehen, der es folgendermaßen formuliert hat: »Weil betriebswirtschaftlicher Erfolg in nicht geringem Maße auch von den gesellschaftlichen Rahmenbedingungen abhängt, muss von den in der Wirtschaft Verantwortlichen erwartet werden können, über die innerbetrieblichen Erfordernisse sozialer Verantwortung hinaus zur Gestaltung der sozialen, gesellschaftlichen und politischen Umwelt beizutragen.«[58] Was bei Marx hier durchklingt, ist aber auch ein anderes: Der wirtschaftliche Erfolg hängt von vielen Faktoren ab, die der Unternehmer gar nicht selbst schafft, sondern ihm zur Verfügung stehen: Von guter Infrastruktur, guter Bildung, von einer friedlichen Gesellschaft, von sozialem Ausgleich. Dann muss man auch erwarten, dass sich Wirtschaft nicht daran macht, diese Bedingungen ihres eigenen Erfolgs zu demontieren. Und deshalb hat Wirtschaft immer auch eine gesamtgesellschaftliche Aufgabe.

Eigentum ist an das Gemeinwohl gebunden, und damit auch die Wirtschaft insgesamt. Und manche Strukturprinzipien der Wirtschaft unterminieren das Gemeinwohl.[59] Deswegen muss beispielsweise klargestellt werden: Der Wert des Menschen hängt nicht an seiner wirtschaftlichen Leistungsfähigkeit. Und es muss darum gehen, die Wirtschaft auf das Gemeinwohl hin zu orientieren. Eine Wirtschaft, die nur dem Profit verpflichtet ist, ist eine Wirtschaft, die tötet; so hat es Papst Franziskus einmal ausgedrückt. Aber was bedeutet es, eine Wirtschaft auf das Gemeinwohl auszurichten? Darf sie dann keine Gewinne mehr machen? Gibt es dann keinen Markt mehr?

Doch, natürlich, aber auf anderen Regeln aufgebaut, mit anderen Leitplanken. Das ist eine Grundidee der Gemeinwohlökonomie, wie sie vor allem durch den österreichischen Autor Christian Felber formuliert worden ist und einen beachtlichen Zulauf erhalten hat.[60] Und auch Teile der Wirtschaft entdecken das Prinzip des Gemeinwohls neu – nicht nur in Deutschland, wo erst kürzlich (im Oktober 2020) ein viel beachteter Aufruf namhafter Unternehmer für mehr »Verantwortungseigentum« gestartet wurde, sondern auch in den USA, wo man es wohl weniger vermuten würde. Der dahinterstehende Gedanke ist: Wirtschaft ist kein Selbstzweck, sondern soll dem Menschen dienen. Sie ist Mittel zum Zweck und muss daher in gesellschaftliche Wertestrukturen eingebettet werden; nur so kann sie wertschöpfende Arbeit schaffen und zugleich der Sinnerfüllung des Menschen dienen. Das ist keine neue Idee, sondern lange gelebte Praxis in Familienbetrieben und vielen mittelständischen Unternehmen. Allein auf kurzfristige Gewinnmaximierung ausgerichtete und die soziale Gesamtverantwortung ausblendende Unternehmensstrategien entsprechen diesem Leitbild nicht. Mehr noch: Sie sind nicht nachhaltig. Das ist auch eine der Lehren der Finanzkrise. Es ist daher Aufgabe der Politik, die Rahmenbedingungen unserer wirtschaftlichen Ordnung vor dem Hintergrund der neuen Herausforderungen weiter zu entwickeln, die sich etwa durch die Globalisierung ergeben.

Was spräche also dagegen, würden Unternehmen verpflichtet, eine Gemeinwohlbilanz zu veröffentlichen? Eine stärkere Fokussierung wirtschaftlicher Aktivitäten auf das Gemeinwohl könnte helfen, über den Markt als Steuerungsinstrument den Kapitalismus weiter ethisch zu temperieren und somit Ungerechtigkeiten zu überwinden. So könnten in einer Gemeinwohlbilanz verschiedene Dimensionen der Tätigkeit eines Unternehmens abgebildet werden:

- Eine ökologische Bilanz könnte die wichtigsten ökologischen Kennzahlen abbilden, bspw. die Schäden, die ein Unternehmen direkt oder indirekt der Umwelt zufügt oder in welchen Bereichen ein Unternehmen zur Verbesserung der Ökobilanz beiträgt.
- Eine soziale Bilanz könnte die wichtigsten sozialen Kennziffern abbilden – bspw. Schaffung, Erhalt oder Abbau von Arbeitsplätzen, Anzahl der Auszubildenden, betriebliches Gesundheitsmanagement, Arbeitsbedingungen, Anteil von Frauen und Männern in der Belegschaft und in Führungspositionen sowie Mitbestimmungs- und Miteigentumsstrukturen.
- Die menschenrechtliche Bilanz könnte beispielsweise darüber Auskunft geben, inwieweit ein Unternehmen in der Lieferkette menschenrechtliche Mindeststandards durchsetzt, welche Compliance-Regelungen es gibt und inwieweit diese Standards bei Tochterunternehmen oder Betriebsteilen im Ausland eingehalten werden.
- Und schließlich könnte eine Nachhaltigkeitsbilanz abbilden, inwieweit die Produkte eines Unternehmens sinnvoll und nachhaltig sind oder inwieweit die Strukturen eines Unternehmens insgesamt auf Nachhaltigkeit angelegt sind.

All diese Bilanzen zusammengenommen können Auskunft darüber geben, ob und inwieweit ein Unternehmen dem Gemeinwohl verpflichtet ist. Wirtschaften kann nämlich nicht bedeuten, dass derjenige, der den größten Schaden anrichtet, einen Wettbewerbsvorteil hat. Es darf aber auch nicht den mit Wettbewerbsnachteilen bestrafen, der sich anständig verhält. Im Gegenteil: Gute Unternehmensführung im Sinne des Gemeinwohls sollte gefördert werden. Etwa durch eine privilegierte Position in der öffentlichen Beschaffung oder in differenzierten Steuersätzen. Dazu könnte man beispielsweise die bestehenden Handels- und Steuerbilanzen weiter entwickeln.

Die bislang vorgelegten Handels- bzw. Steuerbilanzen sind sehr einseitig auf Kapital fokussiert. Löhne und Gehälter werden als Betriebsausgaben gewertet. Kosten für die betriebliche Weiterbildung auch – dabei müssten sie als Zukunftsinvestitionen verbucht werden. Gerade Deutschland ist auf ein hohes Bildungsniveau angewiesen, um als Hochlohnland langfristig international wettbewerbsfähig zu bleiben. Zum anderen sind Arbeitnehmer infolge der Globalisierung und dem Wandel zur Wissensgesellschaft erheblichen Anforderungen unterworfen, woraus sich für Unternehmen wie für Arbeitnehmer erhebliche Aufwendungen ergeben. Wieso diese wichtigen Zukunftsinvestitionen also nicht positiv bilanzieren?

Würde ein Unternehmen zur Erstellung einer Gemeinwohlbilanz verpflichtet, würden Strukturen und Kosten im Arbeitnehmerbereich nicht mehr nur negativ bewertet. In den Bilanzen könnte deutlich werden, was eine Vielzahl einschlägiger Studien zeigt: Soziale Faktoren sind für den Erfolg eines Unternehmens entscheidend – befristete Verträge, prekäre Einkommen, Leiharbeit etc. hingegen sind diesem eher abträglich. Auch könnten mithilfe einer Gemeinwohlbilanz Strukturen aufgedeckt werden, die für Arbeitnehmer zu psychischen Überlastungen führen und stressverursachte Erkrankungen auslösen. Für Arbeitnehmer, Investoren und Verbraucher wäre eine Gemeinwohlbilanz ein gutes Instrument, um Unternehmen zu bewerten. Für Unternehmen könnte sie hilfreich sein, um im zunehmenden Fachkräftemangel Wettbewerbsvorteile zu erzielen. Arbeitnehmern könnte sie helfen, Jobentschlüsse zu fassen und Verbrauchern könnte sie helfen, informierte Konsumentscheidungen zu treffen.

Eine Gemeinwohlbilanz wäre nur dann aussagekräftig, wenn die angegebenen Faktoren standardisiert werden. Schließlich ist das Ziel, eine Vergleichbarkeit sozialer, ökologischer, menschenrechtlicher und nachhaltiger Strukturen überhaupt erst zu ermöglichen. Bisherige Berichte oder auch Nachhaltigkeitsberichte können diese Daten zwar ausweisen, sind allerdings aufgrund ihrer diffusen Datenansammlungen nur bedingt geeignet, um einen solchen Vergleich zu ermöglichen. Eine gesetzlich standardisierte Gemeinwohlbilanz könnte an dieser Stelle einen gezielten und konkreten Überblick geben, um Zeit- und Kostenbelastungen durch eine Vielzahl an Datenerhebungen für nicht standardisierte Berichte von Unternehmen künftig zu vermeiden. Ein gesetzlicher Standard könnte zudem sicherstellen, dass die zu messenden Werte und Dimensionen folgenden Kriterien entsprechen: Sie sollen möglichst ganzheitlich und nicht nur auf einige wenige Aspekte fokussiert sein; sie sollen objektiv gemessen werden können, vergleichbar und verständlich sein. Darüber hinaus sollen die Kriterien extern geprüft werden (keine Selbstprüfung) und verbindlich (also nicht freiwillig) sein. Die Ergebnisse müssen öffentlich einsehbar sein. Die zahlreichen Unternehmen, die bereits freiwillige Nachhaltigkeitsberichte erstellen, sollten dabei ihre Vorreiterposition nutzen und sich an Vorschlägen für die Ausgestaltung einer Gemeinwohlbilanz beteiligen.

Eine Gemeinwohlbilanz kann dem Gemeinwohl dienen. Sie kann helfen, die einseitige Fixierung auf den Profit als Ergebnis der Wirtschaftstätigkeit einzuschränken und ihr die grundgesetzlich gebotene Orientierung am Gemeinwohl an die Seite zu stellen. Von Egoismus geprägte Fokussierungen auf die eigenen Vorteile sollen hinter das Gemeinwohl zurücktreten und die Würde des Menschen wieder stärker in den Mittelpunkt wirtschaftlicher Tätigkeiten hervortreten. Mit einer Gemeinwohlbilanz sollte das Ziel (Gemeinwohl) im Auge behalten werden, nicht die Mittel. Kapital ist lediglich ein Mittel zur Mehrung des Gemeinwohls – Geld bringt jedoch nur einen Tauschwert zum Ausdruck und keine Nutzwerte. Es ist deshalb als alleiniger Indikator für das Gemeinwohl unzureichend.

Ja, eine Gemeinwohlbilanz kann dem Gemeinwohl dienen. Eigentum soll dem Wohle des ganzen Volkes dienen. Wirtschaft ist kein Selbstzweck, kein isoliertes System – sie dient dem Menschen. Daher sollten Gemeinwohlbilanzen als Appell verstanden werden, ganz im Sinne der Soziallehre Eigentum als soziale Hypothek des Einzelnen in der Gemeinschaft zu verstehen. Das wäre eine produktive Weiterentwicklung der Sozialen Marktwirtschaft und vielleicht auch ein erster Schritt hin zu einer nachhaltigen, postkapitalistischen Weise des Wirtschaftens.

Der bisweilen als »Vater der Sozialen Marktwirtschaft« bezeichnete Alfred Müller-Armack hat 1949 ein Buch veröffentlicht, in dem er versucht hat, die Zeit auf den Begriff zu bringen.[61] Er plädiert darin für einen »Sozialhumanismus« und verweist darauf, dass man eine Wirtschaftsordnung nie nur auf Freiheit hin konstruieren dürfe. Vielmehr habe der Mensch sehr unterschiedliche Ziele, und dem müsse auch die wirtschaftliche Gestaltung Rechnung tragen. Diese Mahnung ist so aktuell wie nie zuvor. Die unterschiedlichen Ziele der Menschen, von denen Müller-Armack spricht, sind im Begriff des Gemeinwohls eingeschlossen. In der unmittelbaren Nachkriegszeit spielte die Deckung des unmittelbaren Bedarfs eine große Rolle. Heute sind wir keine Mangelgesellschaft mehr. Vielleicht ist die zweite Phase der Sozialen Marktwirtschaft, von der Müller-Armack auch gesprochen hat, Ausdruck der Tatsache, dass wir andere Ziele haben, uns mehr für Gerechtigkeit interessieren, für Menschenwürde und für den Schutz der Umwelt. Dann wäre die Gemeinwohlökonomie vielleicht der Königsweg der Weiterentwicklung der Idee der Sozialen Marktwirtschaft.

Ausblick

Politik ist nicht die Kunst des Wünschbaren, sondern die des Machbaren. Das Machbare ist aber nicht beliebig in dem Sinne, dass man etwas macht, weil es möglich ist. Sondern der Anspruch an Politiker muss sein: Etwas zu machen, weil es auf dem Weg zum Wünschbaren hin liegt. Was aber wünschbar ist, kann sich nur aus der Reflexion über den Menschen und die Gesellschaft ergeben. Es ist also eine normative Frage. Ich wünsche mir mehr Debatten über diese Grundfragen der Politik, weil sie Auskunft darüber geben, wo ein Politiker oder eine Politikerin steht, welche Werte für ihn oder sie wichtig sind – oder ob es sich lediglich um einen Techniker oder eine Technikerin der Macht handelt, der oder dem die Fragen des Gemeinwohls und der Gerechtigkeit nur deklaratorisch wichtig sind.

Unsere Demokratie versteht sich als eine streitbare, eine abwehrbereite Demokratie. Das ist nach den Erfahrungen des Dritten Reiches auch gut so. Nie wieder soll unsere Demokratie durch ihre Feinde zur Strecke gebracht werden können. Wir verteidigen die Grundrechte und den Staatsaufbau der Bundesrepublik als demokratischem und sozialem Bundessstaat, der gewaltenteilig organisiert ist und in dem die Souveränität vom Volk ausgeht. Und ebenso ist es notwendig, sich zu der Idee einer wehrhaften Sozialen Marktwirtschaft zu bekennen, die jene abwehrt, die die wirtschaftliche Freiheit missbrauchen.[62] Wirtschaftskompetenz heißt nicht, der Wirtschaft freie Bahn zu lassen. Ebenso wenig heißt es, auf Empfängen den Sektkelch beim Networking formvollendet halten zu können oder Schmiere zu stehen, wenn sich Lumpen ungeniert bereichern. Wirtschaftskompetenz hat etwas mit Moral zu tun. Das wird leider immer wieder vergessen. Nur aus dem moralischen Urteilen heraus kann eine gerechte Wirtschaftsordnung gestaltet werden. Diese aber muss verteidigt werden gegen diejenigen, für die Wirtschaft nichts anderes ist als Ausbeutung, Bereicherung auf Kosten anderer, Ausleben hemmungsloser Profitgier. Wir sollten beginnen, klare Grenzen zu ziehen: Gegen betrügerische Geschäfte von Banken und ihren Handlangern, gegen elementare Verstöße der Würde und der Mitbestimmung im Arbeitsleben, gegen die Abkassierer, die den Schaden der Allgemeinheit aufbürden und sagen: Das ist nicht nur ein Verstoß gegen unsere Wirtschaftsordnung, sondern auch gegen unsere Demokratie. Politik ist dazu da, den Schwachen zu helfen; die Starken helfen sich schon alleine. Und Politik ist dazu da, die Schwachen zu schützen vor den Starken. Das ist der Kern der christlichen Botschaft, wie ich sie in der Politik verstehe. Als Christen in der Politik sind wir dem Gemeinwohl verpflichtet, nicht den Lobbyinteressen. Dafür lohnt es sich zu kämpfen.

Nachwort

Ich habe diese Schrift im Sommer 2020 begonnen. Die Idee war, den doch sehr theoretischen Ausführungen in meinem Buch über die Soziale Marktwirtschaft einige anschauliche, vielleicht zugespitzte Ausführungen konkreter Art an die Seite zu stellen und vor allem die Optionen der christlichen Soziallehre in der politischen Praxis hervorzuheben. Der Prozess des Schreibens ist durch die Corona-Pandemie und die deutliche Reduzierung der sozialen Kontakte beschleunigt worden, ohne dass ich hierfür Dankbarkeit empfinde. Im Gegenteil, ich freue mich auf den Tag, an dem dieser Albtraum vorüber sein wird.

Das Buch beruht auf vielen, aus unterschiedlichen Anlässen geschriebenen Texten: Reden, Vorträgen, Aufsätzen. Mein erster Chef, Bernhard Vogel, hat zwar häufig gesagt: »Wenn ich einmal was Kluges gesagt habe, kann ich es ruhig wiederholen«, aber ich habe die häufig der Tagesaktualität geschuldeten Texte gründlich überarbeitet in der Hoffnung, dass sie ein lesbares Ganzes ergeben. Meine Mitarbeiter in Berlin haben die Aufgabe übernommen, den Text insgesamt auf Lesbarkeit und inhaltliche Stringenz zu prüfen. Ihre Vorschläge haben zu einer spürbaren Verbesserung des Textes beigetragen; dafür meinen herzlichen Dank.

Joachim Schäfer hat sich des Projekts von Seiten des Nomen-Verlags mit Umsicht und Engagement angenommen; auch ihm gebührt mein herzlicher Dank.

Seit vielen Jahren bin ich den Kolleginnen und Kollegen der Christlich-Demokratischen Arbeitnehmerschaft (CDA) eng verbunden. Die CDA bringt Positionen der Soziallehre in die politische Praxis und die gewerkschaftliche Arbeit ein. Sie ist ein Bindeglied der CDU zu den Kirchen und den Gewerkschaften, wirkt aber (so hoffe ich) auch in beide Institutionen hinein. Das ist keine leichte Aufgabe; aber das Engagement, mit dem die Kolleginnen und Kollegen dies tun und häufig genug in der Kritik stehen, weil sie in den Gewerkschaften, den Kirchen und der CDU nicht die Mehrheitsposition vertreten, verlangt schon Ausdauer, Überzeugung und eine hohe Frustrationstoleranz. Deswegen sei diese Schrift den Kolleginnen und Kollegen der CDA gewidmet, denen ich so viel verdanke.

Frankfurt am Main, Weihnachten 2020
Matthias Zimmer

Literaturempfehlungen

Blüm, Norbert: Ehrliche Arbeit. Ein Angriff auf den Finanzkapitalismus und seine Raffgier. Gütersloh 2011.

Cremer, Georg: Deutschland ist gerechter, als wir meinen. Eine Bestandsaufnahme. München 2018.

Felber, Christian: Gemeinwohlökonomie. München 2018.

Geißler, Heiner: Sapere aude! Warum wir eine neue Aufklärung brauchen. Berlin 2012.

Hickel, Jason: Die Tyrannei des Wachstums. Wie globale Ungleichheit die Welt spaltet und was dagegen zu tun ist. München 2018.

Kauder, Volker: Das hohe C. Politik aus dem Christlichen Menschenbild. Freiburg 2020.

Marx, Reinhard: Das Kapital. Ein Plädoyer für den Menschen. München 2008.

Müller, Gerd: Umdenken. Überlebensfragen der Menschheit. Hamburg 2020.

Rauscher, Anton (Hrsg.): Handbuch der katholischen Soziallehre. Berlin 2008.

Skidelksy, Robert und Edward: Wie viel ist genug? Vom Wachstumswahn zu einer Ökonomie des guten Lebens. München 2013.

Welzer, Harald: Alles könnte anders sein. Eine Gesellschaftsutopie für freie Menschen. Frankfurt am Main 2020.

Zimmer, Matthias: Nachhaltigkeit! Für eine Politik aus christlicher Grundüberzeugung. Freiburg 2015.

Zimmer, Matthias: Person und Ordnung. Einführung in die Soziale Marktwirtschaft. Freiburg 2020.

Anmerkungen

1 Heiner Geißler, Was würde Jesus heute sagen? Die politische Botschaft des Evangeliums. Berlin 2003.
2 Vgl. dazu Heiner Geißler, Ou Topos. Suche nach dem Ort, den es geben müßte. Köln 2009.
3 Einführend Arno Anzenbacher, Christliche Sozialethik. Paderborn 1997; Günter Wilhelms, Christliche Sozialethik. Paderborn 2010; unentbehrlich: Kompendium der Soziallehre der Kirche. Hrsgg. vom Päpstlichen Rat für Gerechtigkeit und Frieden. Freiburg 2006.
4 Eindrucksvoll dargelegt bei Volker Kauder, Das hohe C. Politik aus dem Christlichen Menschenbild. Freiburg im Breisgau 2020.
5 So die Pastoralkonstitution »Gaudium et spes«, die vom Zweiten Vatikanischen Konzil formuliert und 1965 veröffentlicht wurde; Text in http://www.vatican.va/archive/hist_councils/ii_vatican_council/documents/vat-ii_const_19651207_gaudium-et-spes_ge.html, Ziffer 26.
6 Vgl. Udo Margedant und Matthias Zimmer, Eigentum und Freiheit. Eigentumstheorien im 17. und 18. Jahrhundert. Idstein 1993
7 Sehr plastisch hierzu Norbert Blüm, Aufschrei! Wider die erbarmungslose Geldgesellschaft. Frankfurt am Main 2016.
8 Vgl. Lina Verschwele, »Ein Staat im Staat«, Süddeutsche Zeitung 21. Juni 2020
9 Julius Betschka, »Sie haben unsere Päckchen zu tragen«, Die Zeit 2. Mai 2019.

10 »Zollbeamte decken hunderte Verstöße auf«, Der Spiegel 17. September 2018.

11 Generalzolldirektion, Jahresstatistik 2019. Bonn 2020, S. 18 (unter www.zoll.de abrufbar).

12 »Eigentlich sind es nur 13, aber die Nummer 13 hat man aus Aberglauben übersprungen.«

13 Vgl. Deutsche Kommission Justitia et Pax und Deutscher Gewerkschaftsbund: Arbeitsinspektion in einer globalisierten Welt. Bonn und Berlin 2017.

14 Zu den Quellen der Sozialen Marktwirtschaft Matthias Zimmer, Person und Ordnung. Einführung in die Soziale Marktwirtschaft. Freiburg: Herder 2020.

15 Vgl. Markus Demele und Matthias Zimmer, »Die Schande der Produkte. Lieferketten und Fernverantwortung in der Globalisierung«, in: Herder Korrespondenz 74.7 (Juli 2020), S. 21–23.

16 Vgl. V. Janda und K. Guhlemann, Sichtbarkeit und Umsetzung – die Digitalisierung verstärkt bekannte und erzeugt neue Herausforderungen für den Arbeitsschutz, Bundesanstalt für Arbeitsschutz und Arbeitsmedizin, Mai 2019. (https://www.baua.de/DE/Angebote/Publikationen/Fokus/Digitalisierung.pdf?__blob=publicationFile&v=9)

17 Vgl. die entsprechende Initiative der IG Metall, https://www.igmetall.de/download/0188530_Anti_Stress-Verordnung_ab6297762b343f1ce2cf2275345a3e1b648a 983d.pdf.

18 Überlegungen bei Hans Diefenbacher u.a., Zwischen den Arbeitswelten. Der Übergang in die Postwachstumsgesellschaft. Frankfurt am Main: Fischer 2016.

19 Vgl. Otfried Höffe, »Von der humanitären Forschung kann es nie genug geben. Zum Menschen- und Naturbild des Trans- und Posthumanismus«, Frankfurter Rundschau 13. Mai 2020. https://www.fr.de/kultur/gesellschaft/humanitaerenforschung-kann-genug-geben-13759160.html

20 Norbert Blüm, Ehrliche Arbeit. Ein Angriff auf den Finanzkapitalismus und seine Raffgier. Gütersloh 2011, S. 284.

21 Mehr dazu unter https://www.kab.de/themen/top-themen/rente/modell/.

22 Vgl. auch ausführlicher und mit klugen Vorschlägen Georg Cremer, Armut in Deutschland. Wer ist arm? Was läuft schief? Wie können wir handeln? München 2016.

23 Der letzte, der fünfte Armuts- und Reichtumsbericht stammt aus dem Jahr 2017. https://www.armuts-und-reichtumsbericht.de/SharedDocs/Downloads/Berichte/5-arb-langfassung.pdf?__blob=publicationFile&v=6

24 Florian Diekmann, »45 Deutsche besitzen so viel wie die ärmere Hälfte der Bevölkerung«, SPON 23. Januar 2018, https://www.spiegel.de/wirtschaft/soziales/vermoegen-45-superreiche-besitzen-so-viel-wie-die-halbe-deutsche-bevoelkerung-a-1189111.html

25 So Johannes König, einer der Autoren einer Studie des Deutschen Instituts für Wirtschaftsforschung, die sich die Vermögensverhältnisse in Deutschland einmal im Auftrag des Bundesarbeitsministeriums genauer angesehen hat; zit. nach Fabian Dinklage u. a., »Das obere Prozent«. DIE ZEIT 14. Juli 2020 https://www.zeit.de/wirtschaft/2020-07/vermoegensverteilung-deutschland-diw-studie-ungleichheit

26 Ulrike Hermann, Deutschland, ein Wirtschaftsmärchen. Warum es kein Wunder ist, dass wir reich geworden sind. Frankfurt am Main 2019, S. 221.

27 »Hartzen« wurde 2009 Jugendwort des Jahres; zuvor hatte der Bürgermeister des Berliner Bezirks Neukölln, Heinz Buschkowsky, darauf hingewiesen, dass man häufig bei Jugendlichen auf die Frage, was sie später einmal werden wollen, die Antwort bekomme: »Ich werde hartzen.« Offenbar wurde hier der Bezug von Sozialleistungen als normales und akzeptiertes Lebensmodell wahrgenommen; Hendrik Werner, »Ich hartze, du hartzt, wir hartzen«, Die Welt 1. Dezember 2009 https://www.welt.de/welt_print/kultur/article5387246/Ich-hartze-du-hartzt-wir-hartzen.html

28 Das Urteil vom 5. November 2019 ist nachzulesen unter https://www.bundesverfassungsgericht.de/SharedDocs/Entscheidungen/DE/2019/11/ls20191105_1bvl000716.html.

29 Matthias Zimmer, »Grenzen der Solidarität«, in: Merkur 65.5 (Mai 2011), Heft 744, S. 415–423.

30 Karl Blum, Matthias Offermanns, Petra Steffen, Situation und Entwicklung der Pflege bis 2030. Düsseldorf: Deutsches Krankenhaus-Institut 2019 (https://www.dkgev.de/fileadmin/default/Mediapool/1_DKG/1.7_Presse/1.7.1_Pressemitteilungen/2019/2019-10-22_PM_Anlage_DKG_zum_DKI-Gutachten_Pflege.pdf)

31 Miriam Beblo, Margareta Schuler-Harms, Martin Werding, »Familiengerechtigkeit in der sozialen Plegeversicherung«, in: Sozialer Fortschritt 69 (2020), S. 627–641.

32 Michael Voigtländer, Argumente für den Verkauf kommunaler Wohnungen. IW Policy Paper 8/2018. https://www.iwkoeln.de/fileadmin/user_upload/Studien/policy_papers/PDF/2018/IW-Policy-Paper_2018_08_Verkauf_oeffentlicher_Wohnungen.pdf

33 Vgl. www.die-wohnrauminitiative.de

34 Bernd Kastner, »Preissteigerung um 39.390 Prozent«, Süddeutsche Zeitung 22. November 2019 https://www.sueddeutsche.de/kultur/bodenreform-hans-jochen-vogel-mehr-gerechtigkeit-rezension-1.4685469

35 »Einheimische bevorzugt – in welchen Ländern sich internationale Hauskäufer schwer tun«, in: Handelsblatt 30. August 2018; https://www.handelsblatt.com/finanzen/immobilien/immobilienmarkt-einheimische-bevorzugt-in-welchen-laendern-sich-internationale-hauskaeufer-schwer-tun/22975614.html?ticket=ST-6620957-Sg99P0GOibRIJaWguC9E-ap3

36 So eine Studie des Deutschen Instituts für Wirtschaftsforschung im Auftrag des Bundesministeriums für Justiz und für Verbraucherfragen; vgl. https://www.bmjv.de/Shared

Docs/Downloads/DE/Ministerium/ForschungUndWissenschaft/MPB_Gutachten_DIW.pdf?__blob=publicationFile&v=1
37 Paul J. Crutzen, Das Anthropozän. Schlüsseltexte des Nobelpreisträgers für das neue Endzeitalter. Hrsgg. von Michael Müller. München 2019.
38 Harald Welzer, Klimakriege. Wofür im 21. Jahrhundert getötet wird. Frankfurt am Main 2009, S. 23.
39 Meinhard Miegel, Hybris. Die überforderte Gesellschaft. Berlin 2014.
40 Ulrich Teusch, Die Katastrophengesellschaft. Warum wir aus Schaden nicht klug werden. Zürich 2008, S. 21.
41 Mathis Wackernagel, William Rees, Unser ökologischer Fußabdruck: Wie der Mensch Einfluss auf die Umwelt nimmt. Basel und Berlin 1997.
42 Gerd Müller, Umdenken. Überlebensfragen der Menschheit. Hamburg 2020, S. 71 ff.
43 Vgl. Johan Rockström et al., »Planetary Boundaries: Exploring the Safe Operating Space for Humanity«, Ecology and Society Vol. 14, No. 2 (Dec 2009). Die Ergebnisse sind dann noch einmal präzisiert bei Steffen, Richardson, Rockström u.a., »Planetary boundaries: Guiding human development on a changing planet«, Science 13 Feb 2015: Vol. 347, Issue 6223, 1259855 DOI: 10.1126/science.1259855
44 Vgl. Deutscher Bundestag, Schlussbericht der Enquete-Kommission »Wachstum, Wohlstand, Lebensqualität – Wege zu nachhaltigem Wirtschaften und gesellschaftlichem Fortschritt in der Sozialen Marktwirtschaft«, Drucksache 17/ 13300, 3. Mai 2013, S. 364; http://dip21.bundestag.de/dip21/btd/17/133/1713300.pdf
45 Fred Hirsch, Die sozialen Grenzen des Wachstums: Eine ökonomische Analyse der Wachstumskrise. Reinbek 1980.
46 Sehr ausführlich Bruno Latour, Kampf um Gaia. Acht Vorträge über das neue Klimaregime. Berlin 2017.

47 Vgl. Wolfgang Behringer, Kulturgeschichte des Klimas: Von der Eiszeit bis zur globalen Erwärmung. München 2019.
48 Hans Joachim Schellnhuber, Selbstverbrennung. Die fatale Dreiecksbeziehung zwischen Klima, Mensch und Kohlenstoff. München 2015.
49 Deutscher Bundestag, Schlussbericht der Enquete-Kommission »Wachstum, Wohlstand, Lebensqualität – Wege zu nachhaltigem Wirtschaften und gesellschaftlichem Fortschritt in der Sozialen Marktwirtschaft«, Drucksache 17/ 13300, 3. Mai 2013; http://dip21.bundestag.de/dip21/btd/17/133/1713300.pdf
50 Werner Plumpe, Das kalte Herz. Kapitalismus: Die Geschichte einer andauernden Revolution. Berlin 2019, S. 601.
51 Paul Collier, Sozialer Kapitalismus. Mein Manifest gegen den Zerfall unserer Gesellschaft. München 2019, S. 275.
52 Vgl. dazu Matthias Zimmer, Nachhaltigkeit! Für eine Politik aus christlicher Grundüberzeugung. Freiburg im Breisgau 2015.
53 Vor allem Niko Paech, Befreiung vom Überfluss. Auf dem Weg in die Postwachstumsökonomie. München 2012. Zurückhaltender: Tim Jackson, Wohlstand ohne Wachstum. Leben und Wirtschaften in einer endlichen Welt. München 2011. Jacksons Buch ist der Klassiker der wachstumskritischen Bewegung. Sehr ausführlich hingegen: Ansätze zur Ressourcenschonung im Kontext von Postwachstumskonzepten. Abschlussbericht, Umwelt-Bundesamt, Texte 98/2020 (https://www.umweltbundesamt.de/sites/default/files/medien/479/publikationen/texte_98-2020_powares_endbericht.pdf).
54 Ralf Fücks, Intelligent wachsen: Die grüne Revolution. München 2013. Aus unterschiedlichen Perspektiven Ralf Fücks und Thomas Köhler (Hrsg.), Soziale Marktwirtschaft ökologisch erneuern. Ökologische Innovationen, wirtschaftliche Chancen und soziale Teilhabe in Zeiten des Klimawandels. Berlin 2019.

55 Frank Trentmann, Herrschaft der Dinge. Die Geschichte des Konsums vom 15. Jahrhundert bis heute. München 2017, S. 11.

56 Lesenswert: Paul Mason, Postkapitalismus. Grundrisse einer kommenden Ökonomie. Berlin 2016.

57 Ich greife nur zwei heraus: Wolfgang Kessler, Die Kunst, den Kapitalismus zu verändern. Oberursel 2019; Oliver Richters, Andreas Siemoneit, Marktwirtschaft reparieren. Entwurf einer freiheitlichen, gerechten und nachhaltigen Utopie. München 2019.

58 Reinhard Marx, Das Kapital. Ein Plädoyer für den Menschen. München 2008, S. 231.

59 Grundlegend hierzu beispielsweise Michael J. Sandel, Vom Ende des Gemeinwohls. Wie die Leistungsgesellschaft unsere Demokratie zerreißt. Frankfurt am Main 2020.

60 Christian Felber, Gemeinwohlökonomie. München 2018. Grundlegend mit einer Kritik des ökonomischen Denkens: Ders., This is not Economy. Aufruf zur Revolution der Wirtschaftswissenschaft. Wien 2019. Tatsächlich ist die Frage gerechtfertigt, ob nicht die Wirtschaftswissenschaften durch ihre Art des Denkens mit zur Krise beitragen. So urteilt auch Norbert Blüm apodiktisch: »Der homo oeconomicus existiert in einer abstrakten Wirtschaftstheorie. In eine moralische Lebenswelt passt er nicht.« Blüm, Ehrliche Arbeit, S. 74.

61 Alfred Müller-Armack, Diagnose unserer Gegenwart. Zur Bestimmung unseres geistesgeschichtlichen Standorts. Gütersloh 1949.

62 Reinhard Marx, Das Kapital. Ein Plädoyer für den Menschen. München 2008, S. 89.